W0044314

rowohlt

HELGA DEEN

«Wenn mein Wille stirbt, sterbe ich auch»

TAGEBUCH UND BRIEFE

DEUTSCH VON
ANNETTE WUNSCHEL

ROWOHLT

Vorwort von Ad van Liempt

Nachwort von Ad van den Oord, Ronald Peeters,
Ton Wagemakers

Textbetreuung von Rob Tempelaars

1. Auflage April 2007
Copyright der deutschsprachigen Ausgabe
© 2007 by Rowohlt Verlag GmbH, Reinbek bei Hamburg
© 2007 Regionaal Archief Tilburg/Uitgeverij Balans, Amsterdam
Die niederländische Originalausgabe erschien 2007
unter dem Titel Dit is om nooit meer te vergeten.
Dagboek en brieven van Helga Deen 1943
bei Uitgeverij Balans, Amsterdam
Alle deutschen Rechte vorbehalten
Lektorat Regina Carstensen
Umschlaggestaltung any.way, Barbara Hanke + Cordula Schmidt
Umschlagabbildung Regional Archive Tilburg
Satz aus Trinité PostScript, InDesign, bei KCS GmbH,
Buchholz bei Hamburg
Druck und Bindung Clausen & Bosse, Leck
Printed in Germany
ISBN 978 3 498 01325 7

INHALT

VORWORT

»Das vergisst man nie mehr»

> «Hinter dunklen Bäumen riesige blaugraue Wolken-
> ungetüme, darüber meergrünes Seegras, in dem still
> und stark ein Stern glänzte.»

Helga Deen, achtzehn Jahre alt, ein jüdisches Mädchen aus
Tilburg in der niederländischen Provinz Nordbrabant, ver-
bringt ihre zweite Nacht im Konzentrationslager Herzogenbusch[1] (Lager Vught). Um vier Uhr morgens ist sie schon wach,
starrt aus dem Fenster und schreibt auf, was sie sieht – poetische
Worte einer begabten und zudem verliebten jungen Frau. Sie
führt im Lager ein Tagebuch: für sich, aber vor allem für ihren
Freund Kees van den Berg, der zwei Jahre älter ist als sie. Die
beiden sind seit knapp zwei Monaten ein Paar.

Das Tagebuch wurde Kees van den Berg zugespielt, als Helga
Deen das Lager Anfang Juli 1943 verlassen musste. Der Transport brachte sie nach Westerbork, ein Durchgangslager für Juden in den Niederlanden.[2] Kees hat das Tagebuch immer bei
sich behalten, auch nachdem er wusste, dass Helga nach Sobibór deportiert und dort ermordet worden war. Das Tagebuch
und ein paar weitere Erinnerungen an seine große Jugendliebe
bewahrte er in einer ledernen Damenhandtasche auf. Neben
dem Tagebuch sind auch einige Briefe und Postkarten von
Helga Deen erhalten, die sie an die «Lieben Drei» adressierte:
ihren Freund Kees van den Berg, ihre Freundin Hanneke Gerritsen und Gérard van Kalmthout. Helga unterschrieb als «Eure
Vierte» – was auf eine enge Beziehung deutet. Es sind kaum De-
tails über diese «Lieben Drei» bekannt, denn auch diese Menschen sind mittlerweile verstorben.

Kees van den Berg konnte sich als Maler in Belgien etablieren.
Nach seinem Tod zu Beginn des Jahres 2002 entdeckte sein

einziger Sohn, Conrad, die Handtasche, die Briefe und das Tagebuch von Helga Deen, geschrieben in ihr Chemieheft. Conrad hat alles dem Regionaal Archief Tilburg geschenkt. Die Bekanntgabe des Fundes erregte international Aufsehen. Zeitungen in aller Welt nannten das entdeckte Tagebuch ein «Echo Anne Franks».

Ein authentisches Tagebuch aus einem Konzentrationslager ist selten, und die historische Bedeutung der Aufzeichnungen steht außer Frage. Helga Deens Eintragungen berühren darüber hinaus als emotionaler Aufschrei einer verzweifelten jungen Frau. Sie fürchtet das Schlimmste, ist aber zugleich entschlossen, zuversichtlich und «fröhlich» zu bleiben – zumal sie vor nicht allzu vielen Wochen ihrer großen Liebe begegnet ist. In der kurzen Zeit – ein Monat –, in der das Chemieheft ihr als Tagebuch dient, wird sie immer wieder zwischen Furcht und Hoffnung hin und her gerissen. «Ich war durchtränkt», hält sie am 21. Juni 1943 fest, «ganz durchdrungen von dem Schönen gestern Abend, als ich einschlief. Die Fichten in der Ferne schienen so dunkel vor einem Himmel aus Beerensaft, über den sich langsam und heimlich ein dunkles Violett breitete.»
Doch elf Tage später, in einem Brief an die «Lieben Drei», ihre besten Freunde, ist der Tonfall ein anderer: «Was wir diesen Monat durchgemacht haben, ist unbeschreiblich, und für jemanden, der es nicht selbst durchgemacht hat, unvorstellbar. Dieser Monat wurde zu einer Ewigkeit. Ein schrecklicher Albtraum, aus dem man nicht wach werden kann und der trotzdem verstreicht, so schlecht oder gut es eben geht.»

Der Ursprung dieses Albtraums führt in die dreißiger Jahre zurück. Helga Deen war 1933 mit ihren Eltern in die Niederlande umgezogen. Zur Welt kam sie 1925 in Stettin. Die Mutter war eine Deutsche: Käthe Wolff, eine Ärztin. Sie hatte mit einer Untersuchung über die starke Zunahme von Fehlgeburten in Alt-Berliner Krankenhäusern während und nach dem Weltkrieg promoviert. Willy Deen, Helgas niederländischer Vater, war Chemiker und übte damals den Beruf eines Seifenfabrikanten aus. Man kann davon ausgehen, dass die Familie – zu der noch der 1928 geborene Sohn Klaus gehörte – aus Sorge um das Schicksal der Juden in Hitler-Deutschland emigriert war. Willy Deen entschied sich für seinen ehemaligen Wohnort Tilburg, wo er zunächst im Haus seiner Mutter wohnen konnte. Käthe und die beiden Kinder kamen später nach, und kurz darauf zog die ganze Familie in das schlichte Haus am Pelgrimsweg ein. Helga und Klaus besuchten in Tilburg die Grundschule und anschließend die «Rijks-HBS», die staatliche Oberrealschule. Man lebte in bescheidenen Verhältnissen. Willy Deen war durch einen Verkehrsunfall invalide geworden, und als nach dem Einmarsch der Deutschen im Mai 1940 den jüdischen Niederländern immer mehr Restriktionen auferlegt wurden, durfte seine Frau nicht mehr arbeiten.

Die Familie Deen nahm im Frühjahr 1940 ein jüdisches Flüchtlingsmädchen bei sich auf, die 1927 in Berlin geborene Gerda Nothmann. Ihre Memoiren, die sie nach dem Krieg unter dem Titel *Gerda's Story: Memoir of a Holocaust Survivor*[3] veröffentlicht hat, schildern ein harmonisches Familienleben. Sie verbrachte hier drei glückliche Jahre, denn die Deens hatten zwar kein Geld und wohnten sehr beengt, doch es herrschte eine freundliche, warme Atmosphäre, in der Kunst und Kultur einen wichtigen Platz einnahmen. 1941 trat Willy Deen dem Jüdischen Rat von Tilburg bei. Die Organisation wurde mit der Durchführung antijüdischer Maßnahmen beauftragt, die das Naziregime in schneller Folge anordnete. Deen war für die Zuteilung von Reise- und Umzugsgenehmigungen zuständig. Während der dreißiger Jahre war er in der örtlichen jüdischen Gemeinschaft nicht aktiv gewesen; zweifellos hoffte er, seine

Familie über den Jüdischen Rat so lange wie möglich vor der Deportation schützen zu können – was denkbar erschien, da die Mitarbeiter der Jüdischen Räte im ganzen Land «gesperrt» wurden. Das bedeutete, dass sie «bis auf weiteres» von den Transporten ausgenommen wurden. Auch Helga Deen konnte für den Jüdischen Rat arbeiten, für jene Abteilung, die verschiedene Formen der «Hilfe für Abreisende» organisierte – etwa Beistand während der Stunden vor der Abfahrt der Busse nach Westerbork oder Vught, Unterstützung beim Packen, Aufräumen und bei letzten Einkäufen, bei der Beaufsichtigung von Kindern.

Neben dieser Tätigkeit ging Helga Deen weiterhin zur Schule. Auf der Oberrealschule in Tilburg wurden die dreizehn jüdischen Schüler in einer Klasse zusammengefasst, um kurz darauf ins «Joods Lyceum» (Jüdisches Lyzeum) in Den Bosch[4] geschickt zu werden. Für Helga, Klaus und Gerda hieß das, dass sie schon morgens um sechs das Haus verlassen mussten, wofür es aber wieder einer besonderen Freistellung bedurfte, denn eigentlich war es nicht erlaubt, sich vor sieben auf der Straße aufzuhalten.

Der Zustand war nicht von Dauer, denn die Lage der Juden verschärfte sich weiter: Im Februar 1943 erhielten die Deens die Anweisung, das Haus am Pelgrimsweg unverzüglich zu verlassen. Ein neuer Polizeiinspektor in Tilburg sollte dort Quartier nehmen, ein gewisser H. K. Burger. Innerhalb eines Tages musste die Räumung vollzogen sein – die Familie zog wieder bei Willy Deens Mutter ein.

Sechs Wochen später folgte der nächste Schlag: Das Naziregime kündigte an, dass mit Wirkung vom 10. April für alle Juden in der Provinz Nordbrabant ein Aufenthaltsverbot gelten würde. Kurze Zeit schien es noch, als ob Willys und Helgas «Sperrung» Schutz bieten könnte. Doch die Hoffnung zerschlug sich keine zwei Monate später. Am 1. Juni wurden sämtliche noch in

Tilburg verbliebenen Juden, einschließlich der Familie Deen mit ihrem Pflegekind Gerda Nothmann, ins Lager Vught deportiert.

«Bis jetzt ist alles halb so schlimm», lautet der erste Satz, den Helga an diesem 1. Juni in ihr Tagebuch notiert. «Es laufen hier überall Strafgefangene herum, langsam und freundlich, schrecklich ist hier nichts.» Es ist ein sehr vorläufiger Eindruck, den Helga festhält. Vught war ein KZ mit verschiedenen Gesichtern. In erster Linie war es ein Straflager für politische Häftlinge, also Widerstandskämpfer. Es hatte die Funktion des KZ Amersfoort[5] übernommen, in dem Gefangene schweren Misshandlungen, sogar Erschießungen ausgesetzt waren. Weil dies öffentlich wurde, ordnete die SS-Führung in den Niederlanden zu Beginn des Jahres 1943 die Schließung des Lagers an. Die Insassen wurden in das neuerbaute Lager Vught überführt.

Daneben war Vught ein Durchgangslager, in dem Juden vor ihrem Transport in die Vernichtungslager Polens verwahrt wurden. Vught ergänzte das Lager Westerbork auf der Drent'schen Heide, dessen Kapazitäten sich insbesondere Anfang Oktober 1942 als unzureichend erwiesen hatten. Durch die Einrichtung einer Werkstätte der Firma Philips, in der Gefangene als Zwangsarbeiter eingesetzt wurden, erhielt das KZ zusätzlich eine industrielle Bedeutung. Wer von den angeforderten Häftlingen dort Arbeit bekam, wurde mit Mahlzeiten versorgt, es bestand auch die Hoffnung, auf diese Weise der Deportation nach Polen zu entgehen.

Im Konzentrationslager Herzogenbusch, in dem die SS das Sagen hatte, ging man nicht weniger skrupellos vor als im KZ Amersfoort. Insbesondere in den letzten Monaten vor der Räumung des Lagers im September 1944, als die Alliierten näher rückten, wurden hier Hunderte von Gefangenen erschossen.

Diese Gräuel hat Helga Deen nicht mehr erlebt. Aber auch während des einen Monats, den sie mit ihrer Familie in Vught zubrachte, hat sie den ersten, zuversichtlichen Eindruck ihrer neuen Umgebung immer radikaler korrigiert. Schon nach wenigen Tagen äußert sie sich gereizt über das Verhalten der weiblichen Mitgefangenen – «Wirklich, ich könnte zum Frauenhasser werden. Dieses hysterische Gekreisch, diese ganze Disziplinlosigkeit». Gleichzeitig bezieht sie noch eine gelassene, belustigte Perspektive und notiert: «Es sind hier Typen dabei, echt das niederste Volk, noch schlimmer als jedes Fischweib. Und doch amüsier ich mich im Augenblick noch köstlich. Ein Gekeife und Geschimpfe ist das. Sie prügeln sich sogar und benutzen die gemeinsten Schimpfwörter.»

So das Bild der ersten Woche – gemischte Eindrücke einer Achtzehnjährigen, die ihren Freund vermisst und die die verkehrte, verrückte Welt, die sich ihr präsentiert, von sich fernhalten will. Der Eintrag vom 6. Juni 1943 spricht eine andere Sprache: «Ein Transport. Das ist zu viel. Ich bin am Boden, und morgen schon wieder. Aber ich will, will, denn wenn mein Glück und Wille stirbt, sterbe ich auch. Das vergisst man nie mehr.»

Die Stelle ruft die zwei entsetzlichsten Tage in der Geschichte des Lagers Vught in Erinnerung, den 6. und 7. Juni 1943: Es sind die Tage der Kindertransporte. Eigentlich waren Kinder in einem Gefangenenlager wie Vught nicht vorgesehen, doch schon bald sind es Hunderte, die hier leben. Die Hygiene ist bei weitem unzureichend, Krankheitsfälle mehren sich, und der «Ruf» des Lagers leidet. Die SS beschließt, die Kinder zu entfernen. In der Bekanntmachung der jüdischen Lagerleitung, der die Ausführung der von der SS angeordneten Maßnahmen obliegt, heißt es, dass alle Kinder zwischen 0 und 16 Jahren das Lager verlassen müssen, und zwar prinzipiell in Begleitung eines Elternteils. Sie sollen in einem besonderen Kinderlager untergebracht werden, so die offizielle Version. Beim Abtrans-

port der Kinder müssen sich grauenvolle Szenen abgespielt haben. Helga Deen kann nicht darüber schreiben. Der im Philips-Kommando beschäftigte Jurist Hein van Wijk dagegen dokumentiert in seinem Tagebuch, was sich vor seinen Augen abspielt: «Alte Frauen, Mütter mit Säuglingen auf dem Arm, manche in Decken gewickelt, manche kaum in irgendetwas gewickelt, manche in Körben; verheulte Kleinkinder, herumhopsende Kleinkinder, Mädchen mit großen Säcken aus karierten Handtüchern, rennende Ordnungsdienstler, rennende Krankenschwestern, alles eilig, gehetzt, aufgescheucht.»[6]
Zwei Züge nach Westerbork verlassen an diesen Junitagen Den Bosch. Sie fahren auf direktem Weg nach Sobibór. Von den mitreisenden 3014 Kindern, Müttern und Vätern kehrt niemand zurück.

In Helga Deens Tagebuch klingt die wachsende Verzweiflung jetzt von Eintrag zu Eintrag stärker durch: «Vielleicht wird dich dieses Tagebuch ja enttäuschen, weil du auf Fakten hoffst, aber sie nicht findest. Vielleicht bist du aber auch froh, dass du hier nur mich findest, Kampf, Zweifel, Verzweiflung, Verlangen und Leere. Und wenn es wirklich ein Tagebuch ist, etwas von meinem Denken und Fühlen, ist das ja auch viel wichtiger.»
Es scheint fast, als müsste sie sich verteidigen, weil sie nicht sachlicher berichtet, so wie es etwa – zur gleichen Zeit – der zweiundzwanzigjährige Amsterdamer Student David Koker[7] getan hat. Auch er war Gefangener im KZ Vught. Ein Jahr lang hat er alles beschrieben, was er sah und hörte; im Vergleich zu den Aufzeichnungen von Helga Deen dokumentiert er das Geschehen distanzierter. Helga Deen schreibt aus dem Herzen: Darin liegt die Bedeutung ihres Tagebuchs. Ihre Leidenschaftlichkeit ist ständig fühlbar, etwa als sie – endlich – einen Brief ihres Geliebten erhält: «Ich weiß selbst nicht, was in dem Moment in mir vorging. Ich warf mich auf mein ‹Bett›, zerriss

dabei meinen Rock und verschlang deinen Brief mit großen Bissen, dann gleich nochmal und nochmal, immer langsamer, bis ich jedes Wort in mich aufgenommen hatte, schluchzend, laut heulend, weil der Bann gebrochen war, von dir, von dir ein Brief war. Ein heißes, verzweifeltes Verlangen brannte in mir, noch, und es gibt keine Stille, nie, nie, um ineinander zu versinken [...]»

Am 2. Juli vergrößert sich der räumliche Abstand zwischen Kees van den Berg und Helga Deen: Im Gegensatz zu Gerda Nothmann, der Pflegetochter der Familie, die schon von Philips angefordert worden war, wird sie mit ihrem Bruder und ihren Eltern mit einem der Transporte nach Westerbork gebracht. Auch sie stand zu diesem Zeitpunkt schon auf der Liste für eine mögliche Anforderung als Zwangsarbeiterin, doch der Transport vereitelte ihre mögliche Rettung. Aus Westerbork schreibt sie am 8. Juli ihren letzten Brief an Kees van den Berg. Fünf Tage später, am 13. Juli, steht für sie und ihre Familie der zweite Teil der Reise an, jetzt nach Sobibór.

Als Kees van den Berg im August oder September 1943 selbst eine Passage – eine Art Brief – in Helgas Chemieheft schreibt, das ihm mittlerweile zugespielt wurde, weiß er von ihrer Abreise nach Polen: «Mein liebstes Mädchen, du weißt nicht, mit welcher Scheu ich meinem Entschluss folge, in dieses Heft zu schreiben. All das Leid, das hier durchlebt wurde! Und jetzt, in Polen, ist es sogar noch schlimmer für dich.»

«Mein liebstes Lieb, bleib am Leben, du bist so ein wunderbarer Schatz. Du, einzig auf Erden, komm zurück. Hierher an meine Brust. Hörst du mein Herz schlagen [...]»
Die flehentliche Bitte wird Helga nicht mehr erreichen. Sie wurde am 16. Juli in der Todesfabrik Sobibór vergast.

Ad van Liempt

TAGEBUCH

[Kartoniertes Schulheft mit geklebtem Leinenumschlag, 15 cm × 22 cm. Die Seiten 1–22 und 73–76 des Heftes sind nummeriert. Aufschrift (Tinte) auf der Vorderseite: «Scheikunde (deutsch: Chemie) H. Deen». Auf der Rückseite des Umschlags steht die mit Bleistift geschriebene Nummer 35. Einige Seiten haben sich aus dem Einband gelöst. Die Seiten 1–21 enthalten das mit Bleistift geschriebene Tagebuch von Helga Deen; die Seiten 22 und 73 enthalten mit Bleistift und Tinte geschriebene Aufzeichnungen von Kees van den Berg. Die nummerierten Seiten 74 und 75 sind unbeschrieben. Das Heft enthält ferner einige Bleistiftzeichnungen von Helga Deen, die Motive sind: eine schlafende Person auf einer Pritsche (S. 76), eine Birke, zwei «Ecken» hinter der Baracke und, möglicherweise auch von Helga Deen, das Porträt eines jungen Mannes. Die letzte, innen auf die Rückseite des Umschlags geklebte Seite enthält mit Tinte und von unbekannter Hand geschrieben die Angabe: «Lager Westerbork / Post Hooghalen Oost. / Drente.» Die übrigen Seiten wurden aus dem Heft gerissen.]

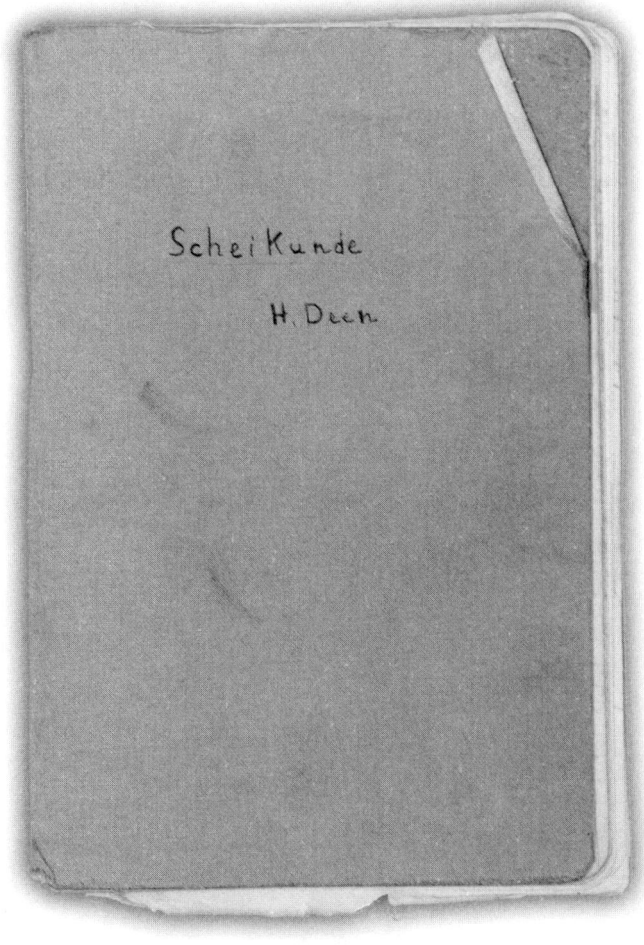

Scheikunde

H. Deen

[Dienstag] 1. Juni 1943.[8]

Liebster,

bis jetzt ist alles halb so schlimm. Ich sitze
im Moment in einer leeren Baracke auf der
untersten Pritsche (3 übereinander), und wenn ich von
hier aus dem Fenster schaue, sehe ich Birken und
Fichten, blaue Luft und weiße Wolken.
Ich habe mich für eine mittlere Pritsche entschieden, dann
kann ich heute Abend aus dem Fenster schauen
und den Sternenhimmel sehen. Wirklich, die
Baracken liegen hervorragend, sehr weitläufig und
großzügig. Es laufen hier überall Strafgefangene herum, langsam und freund-
lich, schrecklich ist hier nichts. Hoppla, ich schwatze
so drauflos, ich habe kein Zeitgefühl. Oh, und diese Birken,
die werden mich trösten, unsere Bäume.
Mutter kommt vorbei. Nachher weiter.
Gott, wie ich mich nach dir sehne.

Ach, jetzt müsstest du bei mir sein. Aber
du bist es ja auch und siehst durch meine Augen.
Im Westen brennt der Himmel in
dunklem Gold. Die feinen Zweige und Blätter der
Birken heben sich scharf gegen den Himmel
ab. Darüber rötlich. Und vor mir grau. Und
auf der anderen Seite ist es grün. Ein Grün,
ganz zart und fein. Ach Gott du, ich habe die
Nachtigall gehört. Gleich kannst du näher

21

bei mir sein. Im Moment reden noch die Leute.
Ich bin müde. Der Tag war so lang.
Alles scheint mir Ewigkeiten her und doch
erst so kurz. O Gott, lieber, lieber Mann.
Bis morgen.

[Mittwoch] 2. Juni.

Es ist jetzt nach dem Mittagessen, das auch
gut ist. Viel und wirklich gut. Ursprünglich Grünkohleintopf, aber richtiger ist es
eine dicke Suppe, weil sie die Kartoffeln nicht ab-
gießen. Aber was interessiert dich das eigentlich.
Nachher werden wir entlaust. Wir sitzen noch
immer in derselben Baracke und dürfen nicht
raus. Ach, draußen ist es so schön, so schön.
Heute Nacht habe ich dann doch ganz oben
geschlafen. Eine gewaltige Kletterpartie, dafür angenehm
und luftig. Wunderbar geschlafen. Um 4 Uhr
war ich wach. Hinter dunklen Bäumen
riesige blaugraue Wolkenungetüme,
darüber meergrünes Seegras, in dem still
und stark ein Stern glänzte. Da musste
ich an gestern Nacht denken, als wir so
friedlich und glücklich nebeneinanderlagen und
zum Himmel sahen, und an vorgestern Nacht,
als du dich, wach geworden, über mich gebeugt
und etwas sehr Liebes gesagt hast. Es kam mir vor wie
eine zärtliche Berührung, aber ist wohl nicht
ganz bei mir angekommen, weil ich immer noch
schlaftrunken in deinen Armen lag. Gerade habe
ich deine Briefe gelesen, deine lieben Briefe, die mich

22

dir in Augenblicken der Leere so nah
werden sein lassen. Moment, ich geh kurz an die
Tür. Da ist lautes Gerede, das muss ich
jetzt doch hören. --- Nichts zu tun,
ich kann eigentlich ruhig weiterschreiben.
Gott, jedes Mal, wenn ich einen Blick hinauswerfe,
kann ich es wieder kaum fassen. Es sieht aus wie ein freund-
liches Dorf mitten im Wald,
oder eigentlich sollte man besser sagen,
wie ein Sanatorium. Sie haben wirklich
nicht mehr Wald abgeholzt, als
nötig war. Ich denke, es wird hier ganz gut
auszuhalten sein, nur Arbeit hätte ich
gern, weil die Tage hier sehr lang sind. Von
4 bis 9. Briefe schreiben kann man hier alle
14 Tage, und von euch kann ich Fotos
kriegen. Hurra, wir werden endlich
entlaust[9], oder was weiß ich, wie
das heißt. Also dann, bis nachher.

[Donnerstag] 3. Juni.

O Gott, seit gestern nach der Entlausung ist
alles so furchtbar. Wirklich, ich könnte zum Frauenhasser
werden. Dieses hysterische Gekreisch,
diese ganze Disziplinlosigkeit. Ich lasse den Krach
jetzt einfach so gut es geht an mir
abprallen, wofür man aber eiserne
Nerven bräuchte. Aber ich will
hier durchkommen, also wird es auch
irgendwie gehen. Mit den Leuten hier ist auch wenig los.
Es ist einfach der Abschaum, obwohl es auch

Leute gibt, die hilfsbereit sind. Heute Nacht
habe ich mit Mutter zusammen auf einer Pritsche
gelegen, in Kleidern. Weil unsere
Decken noch nicht da sind. Sehr erkältet und
entsetzliche Ohrenschmerzen. Die ganze Nacht
kein Auge zugemacht. Mittlerweile ist es etwas besser, aber
ich
bin schrecklich müde. Wenn du nur wüsstest,
wie sehr du mir hilfst und wie ich mich über
die Briefe und Fotos freue. So werden die Augenblicke
der Leere verstreichen. Mutter und ich bemühen
uns schon nach Kräften um Arbeit.
Mutter hat immerhin Aussichten, hier Ärztin zu werden,
was die Aussicht, weitergeschickt zu werden,
wieder ein bisschen verringert. Joan – M – U.[10] habe
ich gestern gesehen. Sie ist mir richtig um den Hals
gefallen und hat sich furchtbar gefreut, dass ich da war.
Sie hat mich auch sofort lauter Damen
vorgestellt, aber es sind so viele neue Namen
und Gesichter, dass ich fast alles wieder
vergessen habe. Trotzdem muss ich hier zusehen,
dass ich mit vielen Frauen in Kontakt
komme, weil man hier für alles und jedes Hand-
wagen braucht. Die Frauenabteilung
ist viel barackenartiger als die Männerabt.
Die Bäume sind noch ganz jung und erst kürzlich
angepflanzt worden, also lebt man hier wirklich nicht mehr
im Wald. Du, ich muss aufhören,
Rucksäcke holen.

Man wird faul hier, es geht fast nicht anders,
ich will aber versuchen, es nicht zu
werden. Anscheinend vergisst man hier alles und
kehrt folglich als Hohlkopf zurück.
Ach, wenn ich doch richtig gut zeichnen könnte.
Es sind hier Typen dabei, echt das niederste
Volk, noch schlimmer als jedes Fischweib. Und doch
amüsier ich mich im Augenblick noch köstlich.
Ein Gekeife und Geschimpfe ist das. Sie prügeln sich sogar
und benutzen die gemeinsten Schimpfwörter.
Trotzdem glaube ich, dass es einem auf die
Dauer zum Hals heraushängt. Gut,
ich versuche ja, sie zu zeichnen, aber ich kann
nichts festhalten, weil sie sich jeden Augenblick bewegen.
Heute Morgen habe ich Bäumchen, nur lauter
Bäumchen gezeichnet, die halten wenigstens
still. Weißt du, mir ist schon ein bisschen
bange, dass meine Stimme sich verändert
und dass ich Amsterdams rede, wenn ich
nach Hause komme. Mein Gott, was sind das hier
für fürchterliche Zustände. Es gibt so viel
zu schreiben, es passiert so viel, dass ich die
Hälfte vergesse. Du, nachher weiter, ich
muss sehen, dass ich mir Arbeit besorge.

Ein Transport.[11] Das ist zu viel. Ich bin
am Boden, und morgen schon wieder. Aber ich
will, will, denn wenn mein Glück und Wille
stirbt, sterbe ich auch. Das vergisst man
nie mehr.

Heute 2 Monate her, und
ich fühle mich todunglücklich.
Die ganze Zeit bin ich froh und mutig gewesen,
obwohl schreckliche, üble Sachen
passiert sind, so viel, dass man es gar nicht
aufschreiben kann. Wir kriegen viel zu wenig
Schlaf, und ich bin so entsetzlich müde, und
manchmal staut sich dann alles auf. Ich bin
vielleicht ein schrecklicher Egoist, aber jeden
Tag kommen hier Päckchen an, und Greet[12],
das Mädchen neben mir, bekommt auch immer
von Bekannten. Gerda[13] heute Abend eine
Wurst[14], und was für eine schöne. Gott, wie gern würde
ich einmal etwas von euch bekommen, nicht
einmal zum Essen, sondern weil es
von euch ist. Obwohl mich alle
ausnahmslos nett behandeln, fühle ich
mich sehr einsam. Tag für Tag sehen wir
die Freiheit hinter Stacheldraht. Es
gibt auch einen Pfad, der mit Sträuchern und
Birken gesäumt ist, und ganz in
der Ferne, wo er endet, ein Korn-

feld. Ich wünsche mir oft, dass du das findest
und ich dich am Abend sehen würde.
Gott, dass man hier nie allein ist,
ständig Gezänk und Gekeife um einen herum.
Selber kennst du das wahrscheinlich aus Haaren[15].
Manchmal ist es fast, als ob man für immer
hierbleiben würde, aber das kann schließlich nicht sein.
Ich arbeite jetzt im Krankenhaus, Reinemachen. Alle rennen weg, außer
Greet und ich. Ich glaube, dass wir viel zu
anständig sind, denn wenn Arbeit anfällt,
bleiben meistens wir drauf sitzen. Wir
lassen uns natürlich Zeit damit, aber
trotzdem, wenn du nachts immer zu wenig
Schlaf bekommst! Einen goldenen Mittel-
weg gibt es hier nicht. Auf der einen
Seite die Arbeitstiere und die Streber und auf der anderen
Seite
die Faulenzer. Und manchmal, wenn du wieder mitten
 zwischen
herumkommandierenden deutschen jüdischen
Frauen sitzt, werden schlechte Leute plötzlich gut, wenn
nur eine da ist, die herzlich und freundlich ist und
dich nicht angrobst, die dir ein
Brot oder einen Schluck Tee anbietet.
Das Essen heute Mittag war schlecht. Sicher vom
warmen Wetter. Gott, jetzt fühle ich mich wieder
besser, wo ich ein bisschen geschrieben
habe, und meine gute Laune kehrt zurück. Ich muss
das wirklich öfter tun. Denkst du heute trotzdem
mehr als sonst an mich?

Pfingsten [Sonntag] 13. Juni 1943.

Heute Pfingsten. Ich bin mit einem
Sonntagsgefühl wach geworden. Wir mussten erst um 8 Uhr
zum Appell antreten. Die Sonne hat mich wachgekitzelt, und
jetzt sitze ich auf der Böschung, nachdem ich im Krankenhaus noch kurz die Böden gewischt habe. Greet und ich haben
im Testament[16] etwas über das Pfingstfest gelesen.
Und außerdem in einem Büchlein «Uit zijne volheid»[17].
Ich traue mich jetzt nicht mehr zu beten. Gottes Liebe
und Allmacht sind so groß und mein Flehen
so klein. Ich fühle mich so klein,
wenn ich etwas über Gott lese, schwindelt es mich, und
trotzdem kann es dich trösten und neue Kräfte
wecken. Ich will versuchen, alle Güte und
Weisheit in mich aufzunehmen. Aber trotzdem kann
ich noch nicht glauben. Es klafft ein Riss zwischen
mir und dem Glauben, und trotzdem muss etwas davon
in mir leben, sonst könnte ich ja gar nicht so
denken und fühlen. Am liebsten würde ich
einmal mit Pfarrer Strijd[18] darüber reden,
dem früheren Pfarrer aus Oisterwijk. Schließlich
glaube ich, dass der Glaube etwas sehr
Großes ist und dass er stark macht. In Zeiten wie
diesen kann man ohne ihn kaum leben.
Das ist doch nicht klein und schwach?
Ach, dass immer ein Zweifel in mir bleibt.
Und ich bin so eitel. Das ist wahrscheinlich mein größter
Fehler, den ich auch erst in den letzten Monaten
entdeckt habe. Es fällt mir sehr schwer,
darüber zu schreiben, auch weil ich eitel bin
und so gerne vollkommen wäre. Aber das ist
niemand. Ich fürchte mich manchmal vor

mir selbst, ich fürchte, dass ich immer das Gute
will, und das nur aus Eitelkeit. Um von mir selbst
sagen zu können, was warst du wieder gut.
Manchmal will ich es aber auch wirklich,
vielleicht sogar immer. Ich weiß es nicht, ich
werde einfach nicht klug aus mir.
Vielleicht wird dich dieses Tagebuch ja enttäuschen,
weil du auf Fakten hoffst, aber sie nicht findest.
Vielleicht bist du aber auch froh, dass du
hier nur mich findest, Kampf, Zweifel,
Verzweiflung, Verlangen und Leere. Und wenn es
wirklich ein Tagebuch ist, etwas von meinem Denken und
Fühlen, ist das ja auch viel wichtiger. Natürlich werde ich viel von dem vergessen, was um mich
herum passiert, aber nie alles.

2ter Pfingstmorgen [Montag] 14. Juni 1943.

Seit gestern Abend singt in meinem Kopf dauernd
der Schlusschor aus der Matthäuspassion. Das
verstärkt mein Verlangen und bringt mich näher
zu dir. Durch das Finden der Melodie finde ich
auch diesen Tag mit dir wieder und[19]
kehrt die bittere Traurigkeit zurück.
Manchmal denke ich, dass Gott mich
die ganze Freude und Schönheit
des Lebens hat schmecken lassen,
um mich dann leiden zu lassen, seine Liebe
und Kraft sehen und Ihn erkennen zu lassen und mich
zu Ihm zu bringen.
Oft, meistens, denke ich,
um mich dir dadurch wiederzugeben, und ab

und zu, um mich dir wegzunehmen. Ich
muss viel über Gott, seine Liebe und
Größe nachdenken und lesen, es wird mir
Kraft geben, alle Leere beseitigen,
mich zu dir führen und mich aufrichten.

Dienstag, 15.²⁰ Juni 1943.

Heute 2 Wochen. Es kommt mir wie eine
Ewigkeit vor, und wie lange noch. Heute
war M. hier und hätte etwas mitnehmen sollen. Er hat
es nicht getan. Gott, ich sehe einfach keinen
Anfang und kein Ende, als ob ich ewig
hierbleiben müsste. Heute ist
alles düster und schwarz, kein einziger Lichtblick.
Vorhin habe ich geweint, jetzt schreibe ich,
das erleichtert mich immer und gibt mir wieder Vertrauen. Appell, gleich geht's weiter. –
Es hat doch bis nach dem Essen gedauert.
Vielleicht gehe ich gleich noch ein bisschen mit Mutter
spazieren. Es war so ein schrecklicher Tag.
Heute Morgen bin ich liegen geblieben, weil ich
mich nicht wohl fühlte. Ich hoffte nur auf ein bisschen
Ruhe. Aber krank sein ist hier das Allerschlimmste.
Ruhe gibt es nicht, nur den ganzen Tag das Gezänk, die
«Plebs» beschimpft sich, keift sich an, Ältere
gegen Jüngere und umgekehrt. Alle
sind hier schrecklich a-sozial. Jeder
denkt nur an sich selbst, niemand versteht
etwas, viele, meistens die Jüngeren, begreifen
noch nicht einmal die Lage und denken, dass sie
zu ihrem Vergnügen hier sind. Bis spät in den Abend,

trotz der jedes Mal wieder höflichen Bitten
von anderen, singen, johlen und lachen
sie. Sie verschonen niemanden, keine Kranken,
keine Älteren. Sie machen sich sogar über ein Mädchen
lustig, das Nonne war. Da kannst du noch so fest glauben,
es muss trotzdem weh tun, auch wenn du weißt, von
wem's kommt. Ich bin auch noch selbst[21]
hingegangen, um mit ihnen zu reden. Sie
haben mich nur ausgelacht, Begreifen,
wollen nichts, nichts begreifen.[22]
Und durch einen schmalen Fensterstreifen sah ich die
Sonne untergehen, flüssiges Gold hinter
glitzernden Birkenblättern. Ein stilles, heiliges
Feuer. Wie war <u>das</u> möglich. Auf der einen Seite
dies Schöne, Heilige, Ruhevolle, du – und auf der
anderen Seite dies – Abscheuliche, Ekelhafte.
Und ich saß dazwischen. Vom einen
kehrte ich mich ab, und zum anderen
konnte ich nicht hin und war so einsam.
Greet weinte, auch vor Abscheu, namen-
losem Schmerz über das alles. Mein Gott,
warum muss das sein, warum
machen es sich die Menschen gegenseitig
so schwer. Du würdest sagen, primitive
Lebensinstinkte. Was etwas
Schreckliches ist, aber ich glaube nicht,
dass ich mich je davon mitreißen lasse,
weil es mich anekelt.
Es geht hier ein Gerücht, dass Sonntag wieder
ein Transport abgeht. Das Leben ist nur noch ein
einziges Elend, nicht einmal die Träume
gehören dir noch, da spukt
das Elend in seiner tiefsten Schwärze in dir herum.

Erschreckend, verwirrend, schreiend,
spukhaft. Oder du träumst vom Essen, lauter
leckeren Sachen. Heute Morgen hielten sie
mir im Traum lauter Brote mit allen möglichen
Marmeladesorten vor die Nase, unerreichbar, und
dabei habe ich noch nicht einmal echten Hunger.
Die dauernde Anspannung und alles zerrt
sehr an den Nerven, und wer nicht absolut
will, geht kaputt. Aber ich will, will, und darum
halte ich schon durch. Und dann gibt es
schließlich noch dieses andere, gestern Abend habe ich
es ja gesehen, wenn ich es auch nicht erreichen konnte.
Solange ich mir das nur immer vor Augen
halte, ist die Gefahr unterzugehen und
zu zerreißen nicht groß, glaube ich. Und gehe ich
trotz dieses Willens in dem Ganzen unter, dann musste es eben
sein. Vielleicht ist es eine Feuerprobe, aber jedenfalls Gottes
Wille, in den ich mich fügen muss, mich abfinden.
Halt mich doch, lass mich nachts
in deiner Hand ruhen wie einst deine Prinzessin
und verjage diese bösen Träume. Schenk mir Ruhe, Ruhe
und Kraft.

Samstag, 19. Juni.

Was für ein Tag. So reich an Traurigkeit,
Düsterkeit, Freude, Aufregung. Alles,
alles. Heute Morgen sehr früh zuerst
Betty und Elly Frenkel nach Barneveld.[23] Wir 4, Greet,
die 2 und ich, wir hatten uns richtig
gefunden. Es war so schön. Sie sind weg, durchs Tor
hinaus, was ich ihnen auch gönne, aber heute

Morgen war ich doch einen Moment lang eifersüchtig. Wir
haben uns im strömenden Regen verabschiedet. Jeder
Abschied geht hier sehr tief, gerade weil
man hier so auf einzelne Menschen angewiesen
ist. Eigentlich darf man sein Herz an niemanden
hängen, aber es geht nicht anders, ich kann immer noch
nicht allein sein, obwohl du da bist.
Und heute Mittag kam dein Brief. Ich las in
«De Gezegenden» (Aart v. d. Leeuw)[24], achtete
nicht auf die Post, weil noch nie etwas
für mich dabei war. Da hörte ich meinen
Namen, ein Frösteln erfasste mich, sah
den Absender. Ich glaube, ich bin abwechselnd
blass und rot geworden, Schauer liefen mir
über den Rücken. Dass wirklich etwas von dir da
war, etwas aus der anderen Welt, so verirrt,
so wundersam hier. Ich weiß selbst[25] nicht, was in
diesen Augenblicken in mir vorging. Ich warf mich
auf mein «Bett», zerriss dabei meinen Rock
und verschlang deinen Brief mit
großen Bissen, dann gleich nochmal und nochmal,
immer langsamer, bis ich jedes Wort in mich
aufgenommen hatte, schluchzend, laut heulend,
weil der Bann gebrochen war, von dir,
von dir ein Brief war. Ein heißes, verzweifeltes
Verlangen brannte in mir, noch, und es gibt
keine Stille, nie, nie, um ineinander
zu versinken, darum beneide ich dich. Trotzdem
habe ich wirklich schöne und schwache Augenblicke, aber es ist schwierig. Ich
denke, ich melde mich irgendwann zur Nachtwache,
um zur Ruhe zu kommen, um Stille zu spüren, in mir
und um mich. Stille, ein kostbares Gut. Oh, jetzt weiß

ich erst oder, besser gesagt, weiß nicht, wie es in
mir aussehen wird, wenn ich zurück bin, wenn ich
bloß an diesen Brief denke, mein Verlangen und
die schreckliche Niedergeschlagenheit hinterher, und ich bin
noch nicht wieder richtig froh. Ob heute Nacht
ein Engel, eine Stimme bei mir war?
Ich träumte zum ersten Mal von dir, seit ich im
Lager bin. Ich bekam einen Brief von dir. Wie kann
das sein, was ist das? Das goldene Band? Unsere
Seelen begegnen sich in einer merkwürdigen
Ahnung, wissen voneinander.
Aber warum hast du geschrieben, «schreib genau,
wie es dir geht, ich meine nicht über die Brot-
oder Menschenmenge».[26] Ich musste kurz darüber
lachen, fröhlich, dann gekränkt und schmerzlich.
Es war nett ausgedrückt, aber hat mir weh
getan. Ich war plötzlich wie[27] eine Fremde
für dich. Gott, weißt du denn gar nichts von meinem Kampf,
Verlangen? Wenn du das nur alles lesen könntest, dann
wüsstest du es. Es hat mich immer so getröstet,
in dieses Heft schreiben, aber heute Abend nicht,
jetzt spüre ich einen bohrenden Schmerz,
weil du nicht weißt, jetzt nichts weißt von mir, und
gerade jetzt ist[28] so ein alberner, nichtssagender
Lagerbrief unterwegs. Gott, es ist zum Verrücktwerden.
Ich habe so ein Verlangen, so ein entsetzliches Verlangen. Ich will
beten, nicht aufgeben.

Noch kurz weiterschreiben. Beten, nicht aufgeben,
während ich mitten auf der Heuvelstr.[29] bin.
Eine kreischende johlende Menge, langgezogene
Harmonikaklänge. Aber ich stehe in diesem Moment nicht oben
am Fenster und blicke verächtlich, mitleidig

oder ein einzelnes Mal[30] auch verständnisvoll auf den unruhigen
Menschenschwarm. Warte nicht, bis ich dich kommen
sehe, um die Treppen hinabzustürzen,
die Tür zu öffnen und dann jeden Abend wieder
in immer neuer überwältigender Verwunderung
einander anzustarren, um dann gemeinsam
in unseren stillen Märchenabendgarten zu fliehen.
Damals konnte ich weg, jetzt nicht, ich sitze mitten
drin – mein Schicksal, vielleicht sogar die Strafe,
weil ich diese Menschen so wenig verstehe,
und jetzt fast noch weniger denn je. Was ist das
nur, dass sie noch immer so idiotisch, verrückt, fröhlich
sein können. Geistlosigkeit, Unüber-
legtheit oder ein Sichaufpeitschen bis zu
rauschhafter Ausgelassenheit, in allem Elend? Ich bin auch
fröhlich, aber doch anders. Ich versteh es selbst kaum.
Ich sehne mich inzwischen mehr denn je nach
unserem abendlichen Märchen. Immer wieder, so
verrückt, diese beiden Welten, in der Ferne die
abendliche Stille und Ruhe in der Natur und
hier das. Ich muss immer wieder daran denken,
ich will das hier abschütteln und zu dem anderen
hin, und ich kann nicht. Ich glaube, dass ich
es nie können werde, und doch will ich es.
Aber es geht ja doch nicht, es ist schon
schwierig, in einem friedlichen Schlafsaal zu
dem anderen hinzuflüchten, wenn täglich
so viel passiert, und dann erst mitten
aus dem größten Krach heraus. Weißt du noch, in
unserer Märchenabendwelt, da hat schon ein
einzelnes Radio oder eine singende Mädchenstimme, fernes Stimmengewirr aus der Heuvelstraat
uns gestört.

Ekelhaft, es widert mich an, ich ersticke vor Lachen,
ekle mich wieder, vor dieser kurz ins Stocken geratenden,
sich höher schraubenden sentimentalen Mädchenstimme, und dann
der donnernde Applaus. Gott, ich laufe zum WC,
da bin ich vielleicht allein, denn der ganze
Schlafsaal lauscht gespannt, die Plebs.
O Gott, welche Verachtung ich empfinde, und wie
ich mich selbst verachte für diese Verachtung
und das Nichtverstehen. Aber ich kann
nicht anders, als mich ekeln, ekeln.

Sonntag, 20. Juni.

Ich bin in einer glücklichen Stimmung. Die
Sonne scheint, wir sind ausgeruht und
erst um sechs Uhr aufgestanden. Jetzt ist es sieben.
Gerade noch Zeit zum Schreiben vor
dem Appell. Ich habe ein echtes Sonntagsgefühl,
aber ich glaube nicht, dass man, solange das hier
nicht aufgehört hat, je[31] ganz glücklich sein kann.
Wohl kann man sehr glückliche Augenblicke
haben, man kann sich bemühen, glücklich zu
sein, heiter zu sein, das ist auch schon
sehr viel wert. Im Moment bin ich froh, fröhlich,
aber doch nicht ganz glücklich, das
geht nicht, hier niemals. Gott, ich spüre Triumph,
Freude, vielleicht ja doch Glück über diesen
strahlenden Morgen, obwohl mitten unter
Menschen. Ich glaube, dass das Tagebuch auf die Dauer
das Kostbarste sein wird, was ich besitze.

Gott, ich glaube.[32] Die heilige Stille. Heute Abend
wurden mir die Augen geöffnet, Gefangenschaft,
nichts kann mich mehr[33] vernichten. Ich muss schreiben,
muss das festhalten. Zum ersten Mal
seit ich im Lager bin, war die Natur
mir wieder heilig, zum ersten Mal war ich
nun wirklich bei dir. Und ich kann doch glücklich
sein, vollkommen.
Ich bin durch Unwetter gelaufen, durch strömenden
Regen allein, allein, sah unter gewaltigen Sturzfluten sich
         biegende Birken[34],
Stämme unverändert reglos. Es war ein Jubel,
ich wuchs mit, über alles hinaus. Und später
das Abendgeheimnis. Durchsichtige Grotten,
Offenbarungen, weiter und weiter öffneten sich
die schweren Wolken, ein goldenes Licht strömte
hervor, immer weiter und weiter, und ich glaubte,
betete und war bei dir. Hinter niedrigen Fichten, ganz
in der Ferne brannte Orange. Ich hörte Amseln
und dachte an unsere Amselabendstimmung,
dachte Sulamith Wülfing[35], dich, alles,
Ewigkeit, Glaube, Gott. Ich konnte ein Loblied
singen, gefasst, in heller Freude. O Gott, lass
dieses Glück über alles hinauswachsen, es ist so
groß, so erhaben.
Unser goldenes Band, es wird glühender
und fester.
Die Menschen wunderten sich über uns,
unsere Augen, die zum Himmel gewandt waren
und das strahlende Licht der Offenbarung
in sich trugen.

Flugzeug, was gibt's zu sehen? Wie klein
der Mensch ist, dass er das Schöne
und Große, dass er Gott nicht begreift.
Gott, ich danke, danke für dies. Die heilige
Stille, das goldene Band, es ist ein Gebet.

[Montag] 21. Juni 1943.

Es regnet, regnet, und mein brennendes Fieber
schwelt, glimmt nur noch. Ist es denn so
schwierig, es brennend zu halten, in hellen
Flammen lodernd, wenn du Gott in dir hast und
seine Herrlichkeit erkennst und schaust? Und wie
kann es sein, dass das Böse, Quälende, Macht
hat über das Schöne, Herrliche. Ich war
durchtränkt, ganz durchdrungen von
dem Schönen gestern Abend, als ich einschlief. Die
Fichten in der Ferne schienen so dunkel vor
einem Himmel aus Beerensaft, über den sich
langsam und heimlich ein dunkles Violett breitete.
Die Nacht. Ich rief Mutter, holte Greet aus
dem Schlaf, und unsere Augen schauten das Wunder.
Und langsam erstarb das Raunen
der redenden Menschenmengen um uns herum, und
sie wurden langsam aufmerksam und
riefen, siehe, siehe, der Himmel, wie herrlich, es ist
wie ein Wunder. Die Menge, sie haben das
Wunder nicht geschaut, denn die Nacht hatte sich
schon herabgesenkt, und ein letzter rötlicher Schein verglomm.
Hinter einer dunklen Masse, Fichten waren es.
Ich musste lachen und dachte an Andersens
Märchen «Des Kaisers neue Kleider»[36],

die Menschen riefen, das Volk, die Masse rief,
«seht, seht, wie schön die neuen Kleider des
Kaisers sind», um nicht dumm zu sein.
Aber der Schlaf kam, der quälte mich mit
düsteren, abscheulichen Träumen. Sodass ich
oft erwachte, um mich von dem Traum zu
befreien. Einmal auch hörte ich Stimmen mitten
in der Nacht. So blieb es bis zum Morgen.
Ich stand auf, mit einem müden Gefühl im Rücken,
Kopf, im ganzen Körper. Ich bin
müde, todmüde. Ich schwanke, strauchle auf dem
Weg, und meine müden Augen können das brennende
Fieber nicht bewachen, beschützen, und es
schwelt, schwelt.

Dienstag, 22. Juni.

Klaus' Geburtstag. Kein angenehmer Tag. Spannend,
aufregend und regenerierend. 3½ Stunden beim Appell
gestanden. Anfangs belustigend, später nervös. Große Mühe, ruhig und entspannt zu bleiben.
Mit schweren Kopfschmerzen in die Falle. Aber
wir sind unverwüstlich!

[Mittwoch] 23. Juni.[37]

...... Auch zu lieben ist gut: denn Liebe
ist schwer. Liebhaben[38] von Mensch zu
Mensch: das ist vielleicht[39] das Schwerste,
was uns aufgegeben ist, das Äußerste[40],
die letzte Probe und Prüfung, die Arbeit, für

die alle andere Arbeit nur Vorbereitung ist.
Darum *können*[41] junge Menschen, die An-
fänger in allem sind, die Liebe noch nicht:
sie müssen sie lernen. Mit dem ganzen Wesen,
mit allen Kräften,[42] versammelt um ihr ein-
sames, banges, aufwärts schlagendes Herz,
müssen sie lieben lernen. Lernzeit aber ist
immer eine lange, abgeschlossene[43] Zeit, und
so ist Lieben[44] für lange hinaus und weit
ins Leben hinein –:[45] Einsamkeit, gesteigertes
und vertieftes[46] Alleinsein für den, der liebt.
Lieben ist zunächst nichts,[47] was aufgehen,
hingeben und sich mit einem Zweiten
vereinen heißt (denn[48] was wäre eine Vereinigung
von Ungeklärtem und Unfertigem, noch
Ungeordnetem?) – es ist[49] ein erhabener Anlass
für den Einzelnen[50], zu reifen, in sich
etwas zu werden, Welt zu werden, Welt
zu werden für sich um eines anderen
willen, es ist ein großer,[51] unbescheidener
Anspruch an ihn, etwas,[52] was ihn auser-
wählt und zu Weitem beruft. Nur in
diesem Sinne, als Aufgabe,[53] an sich zu
arbeiten («zu horchen und zu hämmern
Tag und Nacht»),[54] dürften junge Menschen
die Liebe,[55] die ihnen gegeben wird, gebrauchen.
Das Aufgehen und das Hingeben und
alle Art der Gemeinsamkeit ist nicht für sie
(die noch lange, lange sparen und sammeln
müssen), ist das Endliche, ist vielleicht[56]
das, wofür Menschenleben jetzt noch kaum
ausreichen.

R. M.[57] Rilke.

Ich glaube mittlerweile[58], dass wir manches falsch
gesehen haben in der Angst[59],
uns zu verlieren, und Eile, uns zu
binden. So geht es vielen, vielen, es ist
das Unglück dieser Zeit. Von all den jungen
Mädchen hier, Kindern noch, von denen
man es nie erwarten würde, hörst du plötzlich
«mein Mann», «Frau», die Unglücklichen,
es wird in nächster Zeit nicht viele «Liebes-
kinder» geben, sondern aus Wollust
und dem nun schon mal Gebunden-Sein geborene.
Vielleicht ist es nicht umsonst, dass wir
auseinandergerissen wurden, eine Läuterung, ein
Reifen in uns, ein Welt-Werden, wir sind
Auserwählte. Wir brauchen nicht danach
streben, Reife und Klarheit werden von selbst
kommen, und unsere Liebe wird wachsen, schöner werden.

Mittwoch[60], 30. Juni.

Verrückt, ich dachte, dass ich gar nicht mehr
anders könnte, als jeden Tag zu schreiben, und jetzt
habe ich schon eine Woche nicht geschrieben, eine
ganze Woche. Nicht weil nichts geschehen wäre … genug. Aber ich war nicht in
Stimmung, ich weiß nicht, ich habe einfach
vughtisch gelebt. Kein Kampf, keine Freude,
Glück, ein Mir-Entgleiten, ein
Nichts, Nichts. Verbiesterte Unzufriedenheit,
die in den letzten Tagen so stark wurde, dass ich
einfach verstimmt war und jeden
anschnauzte, mich störte alles und jedes,

sogar Greet ab und zu, und es ist noch
immer nicht ganz vorbei. Mir sind ein
starkes, unerträgliches Verlangen und Kampf
noch lieber als das, denn das[61] ist entsetzlich.
Gestern ins Cabaret gegangen, Musik
ausgezeichnet, ich meine eigentlich das Orchester,
das andere war zum Teil, wie es an
solchen Abenden nicht anders sein kann,
banal und sentimental. Der Rest
Kerzen und Suppe. Heute Abend gibt es
einen Vortrag über Hygiene, aber ich habe
keine Lust, viel zu müde.
O ja, das[62] vergaß ich neulich, wir sind in
Quarantäne, aber das bedeutet nichts
anderes als Ruhe, nicht zum Appell antreten, länger
ausschlafen, also alles sehr angenehm. Aber je
länger du schläfst, umso müder wirst du,
die Katastrophe wird also unabsehbar sein, wenn
ich wieder nach Hause komme.
Freitag auf Probe arbeiten bei Philips, endlich!
Das haben sie natürlich von draußen für
mich hingekriegt, Greet und noch eine Reihe
Mädchen warten ja schon 4 Wochen länger
und kommen noch immer nicht an die Reihe.
Vielleicht mit der nächsten Schicht. Gott, ich kann
nicht schreiben, noch immer nicht, ich fühle
mich langweilig, sowohl geistig als auch körperlich.
Es sind Männer vom Moerdijk[63] zurückgekommen,
eine frohe und aufregende Überraschung,
ungewöhnlich hier. Sie trugen alte ndl.
Uniformen, ein verrückter Anblick,
so mobilmachungsartig.
Also salut, nächstes Mal besser.

1 Monat, ein Jubiläum, und was für eines.
Packen[64], heute Morgen ein sterbendes Kind,
was mich völlig aus dem Gleichgewicht gebracht hat, aber
das alles ist nichts, verglichen mit dem Letzten. Wieder
ein Transport, und diesmal sind wir auch
dabei. Ob Mutter, weiß ich nicht. Ich fürchte
mich nicht, bin sogar fröhlicher als die letzten
Tage. Greet schreibt, alle schreiben,
ich tu es auch noch, vielleicht lang,
vielleicht kurz. Aber ich kann heute
Abend nicht viel schreiben, das spüre
ich. Vielleicht doch nervös?[65]

[Text in der Handschrift von Kees van den Berg. Die Textteile wurden diagonal durchgestrichen.]

[Auf dem oberen freien Rand der Seite steht: «Juni Juli Aug. drie maanden. Dinsdag Eeuwigheid! 2 moorden in Polen. levend?» (deutsch: Juni Juli Aug. Drei Monate. Dienstag Ewigkeit! 2 Morde in Polen. (Wort durchgestrichen) lebend!)]

Mein liebstes Mädchen, du weißt nicht, mit welcher Scheu ich meinem Entschluss folge, in dieses Heft zu schreiben. All das Leid, das hier durchlebt wurde! Und jetzt ist es sogar noch schlimmer für dich, in Polen.

Mein Gott, Liebste, ich könnte manchmal verzweifeln, ich habe eine solche Angst, dass ich dich nie wiedersehe.

Ich weiß ja nicht einmal, ob du noch lebst. Aber heute Abend hatte ich solches Verlangen nach dir. Gott, es war so ein wunderbares Glück. Aber wir müssen wachsen. Weiter. Arbeiten werde ich. Bis irgendwann. Mein liebstes Lieb, bleib am Leben, du bist so ein wunderbarer Schatz.

Du, einzig auf Erden, komm zurück. Hierher an meine Brust. Hörst du mein Herz schlagen, ich will nur eine kurze Zeile schreiben. Ich denke [Mittwoch][66] an dich, ich war heute Abend sehr froh, als ich dachte, dass ich zufrieden sein könnte. Ich schaffe es, ganz sicher.

Liebste, Dank für alles, auch dafür, dass ich eben anfangen durfte, von dir zu träumen.

Aber du musst zurückkommen. Und ganz nah bei mir sein. Liebste, nicht lange mehr.[67]

Was soll ich dir nur über diese trostlosen Wochen sagen!

Ich will gut werden.

Mein liebstes Mädchen, ich will dir alles erzählen.

Es gab eine trostlose Zeit, mit wenig ernsthafter Arbeit und sehr viel hohlem Geschwätz, fruchtlosem Fachsimpeln über lauter viel zu schwere Gegenstände.

Damals also bin ich viel zu wenig in die freie Natur gegangen. Es war zum Verrücktwerden. Und ich hatte auch nicht dieses wunderbare Verlangen nach dir. Wenn es dann zwischendurch doch da war, quälte es mich umso mehr, auf welch scheußliche Abwege[69] ich geraten war. Dann folgte die Reaktion: auf die angespannte Verstandesfieselei das Abdriften in zügellose körperliche Ausschweifung. Ich rannte in billige Kneipen, wo Jazzbands das körperliche Verlangen aufpeitschen, ohne die Persönlichkeit, weißt du, bloß das ungezähmte Tier im wüsten Rhythmus ungezähmter Körperlichkeit.

Wenn ich damals das Glück gehabt hätte, ein anderes Tier, ein Tierweibchen drücken zu können, wäre es noch nicht so schlimm gewesen, wahrscheinlich hätte ich eines schönen Tages genug gekriegt. Aber ich musste einem guten, braven Bürgermädchen über den Weg laufen. Ich war zu sehr Tier, und sie war zu sehr Gesellschafts-Mensch. Wie sie genau aussah, weiß ich nicht, ich weiß überhaupt nichts, außer dass sie nicht wollte, was ich wollte, was ich glücklicherweise zu schnell wollte – das hat mich einen fürchterlichen Bock schießen[70]

[Notiz, Handschrift von Kees van den Berg]

1966-22. April [Freitag].

Für dich und durch dich, Helga,
heute Abend diese Ausstellung.
Der Brief heute Morgen!

[Bleistiftzeichnung von Helga Deen auf Seite 76 des Schulheftes.
Die Abbildung zeigt eine schlafende Person auf einer Pritsche. Am
Kopfende ragt ein Schopf, am unteren Ende ein bloßer Fuß hervor. An
den Pfosten der Pritsche sind Schuhe aufgehängt. Im Heft steht die
Zeichnung auf dem Kopf.]

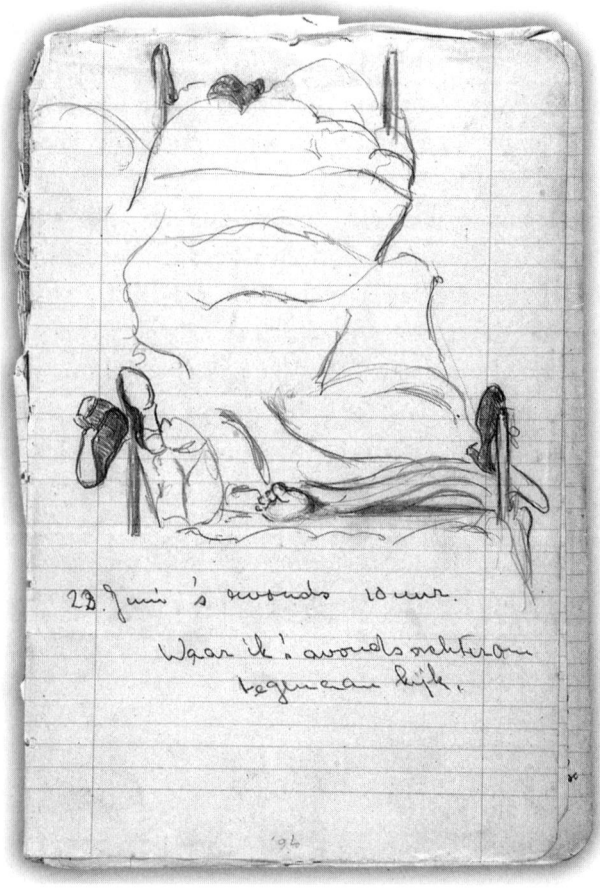

[Zeichnung einer Birke.]

23. Juni, abends 10 Uhr.

Mein abendlicher Ausblick
nach hinten.

[Bleistiftzeichnung von Helga Deen. Die Abbildung zeigt verschiedene, auf Stühlen sitzende Personen. Im Hintergrund hängt zwischen den Birken Wäsche zum Trocknen. Der Titel verweist darauf, dass die nachfolgende Zeichnung zuerst angefertigt wurde.]

[Handschrift von Helga Deen:]

Noch eine Ecke

[Bleistiftzeichnung von Helga Deen. Die Abbildung zeigt eine sitzende junge Frau. Im Hintergrund hängt zwischen den Birken Wäsche zum Trocknen.]

[Handschrift von Helga Deen:]
Eine Ecke hinter der Baracke
an einem schönen Sommertag.

[Bleistiftzeichnung, möglicherweise von Helga Deen. Porträt eines jungen Mannes mit Krawatte.]

[Letzte, nicht paginierte Seite des Heftes, auf die hintere Umschlag-
innenseite aufgeklebt.]

[Unbekannte Handschrift:]

Lager Westerbork
Post Hooghalen Oost.
Drente.

BRIEFE

[Mit Tinte auf ein loses Blatt geschriebene Notiz von Helga Deen für Kees van den Berg.]

[Freitag] 28. Mai 1943.

Die erste Rose blüht im Garten. Ich stand davor, die Blätter waren noch geschlossen, dann beugte ich mich darüber, sie gingen auf, und ein gelbes Herz strahlte mir entgegen. Vielleicht hat die sanfte Berührung meines Atems die Blätter sich öffnen lassen, oder mein Fuß, der sich bewegt und den Strauch gestreift hat.

Es macht auch keinen Unterschied, es war eine Offenbarung nach diesem besonders üblen Morgen. Während ich noch kämpfte, hätte ich schreiben sollen, da hätte ich es besser gekonnt. Jetzt herrscht wieder Ruhe und Nüchternheit. Oder eher eine dumpfe Müdigkeit, ein Sichabfinden, würde ich sagen. Wie kommt es nur, dass ich in den letzten Wochen immer so schnell müde werde, dass mein Kopf das eine Mal zerspringt vor Vollheit und sich das andere Mal vor Leerheit dreht. Dass ich einfach nicht denken kann, nur ein müdes Verlangen habe, in deinen Armen zu liegen und zu ruhen, wirklich zu ruhen. Der Schlaf übermannt mich, kaum lege ich mich irgendwo hin, aber es ist kein Ruhen – manchmal ein zu tiefer Schlaf, aus dem ich mit Übelkeit und Kopfweh hochschrecke, und manchmal auch so leicht, dass mich undeutliche, erschreckende Traumbilder quälen. Dann liege ich halbwach im Bett und denke noch stundenlang darüber nach, werfe mich von einer Seite auf die andere, bis ich nicht mehr weiß, wie ich liegen soll, als ob mein Rücken gebrochen wäre. Eine einzige Hölle.

[Zwei nummerierte Blätter, beidseitig mit Tinte beschrieben.
Brief von Helga Deen an Kees van den Berg. Nicht datiert.]

Liebster!

Oh, dass ich eben all die kostbaren Minuten verstreichen ließ[71] und nur herumsaß und mir auf die Lippen biss vor ohnmächtiger Wut. Ich wollte schreiben, ich musste heute Abend schreiben, ich spürte, dass es mich erleichtern und eine große Unglückslast von mir nehmen würde, und stattdessen sagt Vater, dass wir lesen. Oh, dieses Lesen, wie ich es hasse, dass man freundlich und fröhlich sein muss, lachen soll, während man heulen könnte, schreien, um sich treten. Dass man ordentlich dasitzen und zuhören soll, während es draußen regnet … während du irgendwo bist. Ich habe keine Zeit, über meine Gefühle nachzudenken, überhaupt nachzudenken. Ich schreibe das Erstbeste hin, was mir in den Sinn kommt, weil jeder Augenblick kostbar ist, weil ich fühle, wie sie drinnen sitzen und ungeduldig werden und warten. Aber kurz, kurz will ich doch mit dir allein sein in der Stille des tropfenden Regens draußen. Denkst du gerade an mich? O Gott, ist Selbstbeherrschung schwierig.

Noch ganz kurz, Mutter war noch unten, nur Vater saß schon im Zimmer. Also bin ich wieder zurückgerannt, um noch einen Moment bei dir zu sein, schnell noch in aller Eile, genau wie wir abends immer auseinandergehen. Noch ein Kuss und noch einer, wir schieben den Augenblick hinaus, unsere Hände halten sich fest, bis die dunkle Tür sie trennt, den Abschied mit einem schweren harten Schlag beendet.

Wie still es auf der Straße ist, endlich wieder still, wie draußen, aber jetzt beklemmend. Es ist nicht angenehm, es wirkt bedrohlich und verwandelt das Alleinsein in etwas Nagendes. Eben um 8 Uhr war es noch spannend, fast nett anzusehen, wie die Straße sich leerte, die Leute gegenüber ihre Nasen an den Scheiben platt drückten, die 2 Polizisten an der Ecke, mit der Uhr in der Hand wartend, der junge Mann auf der anderen Straßenseite, gewagt dreist wartend, ein paar friedlich schlendernde Mädchen, andere rennend. Aber Vater war ungeduldig, wollte essen, machte die flüchtig hochgejagte Fröhlichkeit und Spannung zunichte, sodass sofort wieder das ganze Elend fühlbar wurde. Machte, dass die Menschen hinter den Fensterscheiben, der Polizist, der junge Mann etwas Erschreckendes, Bedrohliches bekamen, dass alles, was daran einen Augenblick lang nett gewirkt hatte, abfiel. Man sich fragte, ob die Menschen wahnsinnig geworden waren, was das heißen sollte, dass man am helllichten Tag im Haus sein musste. Aber hier hinten in meinem Zimmer machen die flachen Dächer, die paar Bäume, paar Äste, die ich durch mein Fenster sehe, die fallende[72] Dämmerung[73], der Regen, der seine Geschichten erzählt, vieles erträglicher. Sie rufen, ich muss, muss gehen, aber ich glaube, dass ich jetzt ruhiger bin, sogar freundlich lachen kann. Lausch dem Regen, vielleicht erzählt er dir etwas von mir. Vielleicht, vielleicht bis später, sonst morgen.

Sonntagmorgen.

Gestern Abend, als ich ins Zimmer kam, dachte ich schon, du wärst wirklich bei mir, aber es war bloß flüchtiger Zigarettengeruch. Und als ich aufrecht im Bett saß, sah ich den Mond im Regen, sehr groß und dunkelgelb, noch halb hinter einer Wolke versteckt, sehr merkwürdig. Ich legte mich hin und hörte nur noch den Regen, der unregelmäßig auf ein Dach trommelte. Tick, tick ... tick, tick, tick .... tick ... tick, und ich wollte noch einmal den Mond sehen. Aber es war dunkel, schwarz, und der Regen fiel rauschender, die Tropfen trommelten jetzt gleichmäßig, und der Rinnstein sang ein eintöniges Lied. So schlief ich ein. Ich wollte dir nachts schreiben, weil ich Angst hatte, dass ich wieder halbwach im Bett liegen würde, dass ich dich wieder ständig das Gleiche fragen würde und morgens fiele mir die Frage nicht mehr ein und dass ich wieder tanzen müsste, so schrecklich müde, und trotzdem tanzen, auf den Zehenspitzen. Aber ich schlief bis zum Morgen durch. Ich habe von dir geträumt, aber es wieder vergessen.

Vorhin habe ich[74] im Zimmer Staub gesaugt, ich glaube, schlechter denn je. Ich war nicht bei der Sache, der tote Flieder duftete so merkwürdig, fast staubig, und ich erschrak, als Mutter die Tür öffnete und etwas zu mir sagte. Ich weiß selbst nicht, woran ich dachte und ob ich dachte. Das weiß ich oft nicht, aber ich glaube, dass ich in solchen Momenten etwas traurig aussehe. Wenn ich in der Schule so schaute, haben sie mich immer gefragt, ob etwas sei, und es war nichts, aber vielleicht hatte ich in meinem Innern unbewusst einen großen Kummer, von dem ich nichts wusste, oder vielleicht liegt es an «der Zeit». Jetzt habe ich gerade das Gefühl, an einem Tagebuch zu schreiben. Vielleicht ist es gar nicht angenehm für dich, alles zu lesen, vielleicht langweilt es dich, bist du enttäuscht, hättest etwas anderes erwartet.

Das Schreiben ging wieder nur stockend voran, wie gestern Abend. Es fließt wieder nicht, geht nicht, wieder nicht, dabei dachte ich, ich könnte es endlich wieder. Ich verstehe nicht, was mit mir ist, jedes Mal, wenn ich mit dem Stift in der Hand vor einem leeren Blatt sitze und anfangen will zu schreiben, kommt eine Unruhe über mich, und ich bringe kein vernünftiges Wort zu Papier. Dabei erlebe ich viel, gibt es so viel zu schreiben. Ich höre besser wieder auf, denn auf diese Weise wird es ja doch nichts, und warte, bis es wieder kommt, vielleicht, wenn ich einen Augenblick im Garten war.

[Beidseitig mit Tinte beschriebene Postkarte von Helga Deen an K. v. d. Berg, p/a Ger. v. Kalmthout, Gerard v. Swietenstr. 79, Tilburg. Nicht datiert; Poststempel: Tilburg, 1. Juni 1943.]

Liebster!

Dank, Dank für deinen lieben Brief. Ich bin jetzt ganz ruhig, stark und glücklich. Mein lieber Mann, unsere letzte Nacht und dieser Tag und all das viele Schöne, das wir einander gegeben haben und noch geben werden, es wird in mir leuchten, leben und der Abglanz meines Glücks in jedes traurige und finstere Herz dringen. So wird unsere Liebe sein. Leben, richtig leben, für dich! Weißt du, was Mutter vorhin gesagt hat? Dass wir 2 wie aus einem Bild von Sulamith Wülfing[75] geschnitten sind. Ach, schau heute Abend zum Sternenhimmel und denk daran, dass ich immer bei dir sein werde. Liebster, auf ganz bald. Wir werden uns gegenseitig helfen in dieser Zeit.
Deine Irin[76], Frau, alles
　　　alles.

[Beidseitig mit Bleistift beschriebene Postkarte von Helga Deen an Herrn G. v. Kalmthout, Gerard v. Swietenstr. 79, Tilburg. Nicht datiert; Poststempel: Tilburg, 2. Juni 1943.]

Liebe Drei![77]

Der Bus rumpelt schrecklich, aber ich will trotzdem schreiben. Ich kann euch im Moment nicht viel sagen, nur dass ich glücklich bin, dass ich Kraft habe, Kraft in mir spüre, alle anderen Menschen an[78] meinem Glück teilhaben zu lassen und dazu beizutragen, sie genauso strahlend zu machen. Gott, ich danke, danke euch dafür. Ich bin sehr froh, dass ich euch habe, und ich komme wieder. Wenn ich es schwerhabe und es dunkel ist, werdet ihr immer bei mir sein. (Vergesst inzwischen nicht den Frauenmagen[79]!) Pfirsiche herrlich, aber sehr wässrig. Hoffentlich könnt ihr's lesen.
Auf Wiedersehen!
Eure Vierte

[Beidseitig mit Bleistift beschriebenes Blatt. Brief von Willy Deen, Helga Deens Vater, an Frl. H. Gerritsen, Heisteeg, Oisterwijk. Die Adresse wurde auf die linke obere Ecke des Briefs geschrieben.]

[Freitag] 11.VI-43

Meine liebe Hanne.
Du wirst sicher überrascht sein, einen Brief von mir in der Hand zu halten, er kommt aber auch nicht[80] auf legalem Wege. Den Zeitungen hast du vielleicht entnommen, in welcher Gefahr wir uns befunden haben: Auch ich vergesse, dass das Schicksal von 4000 Juden vollkommen unwichtig ist. Du sollst wissen,

dass am Samstagabend, dem 5. Juni, bekanntgegeben wurde, dass alle Kinder das Lager verlassen mussten, viele zwischen 0–16 Jahren, in Begleitung eines Elternteils, soweit der andere eine Funktion ausübte, sonst gab es aber auch keine Einwände, wenn dieser freiwillig mitging. In der Praxis bedeutete das allerdings meistens, dass die Familie auseinandergerissen wurde, da alles, was gearbeitet hat, nicht mitdurfte. In meinem Fall also Klaus und ich fort, meine Frau, die hier gleich <u>Ärztin</u> geworden ist, mit den Mädchen hierbleiben. Dir das Entsetzen und den Jammer zu beschreiben, die das ganze Lager erfüllten, ist nahezu unmöglich. Auch wir waren am Boden zerstört, du weißt ja, wie wir aneinander hängen. Aber der Sturm ging vorüber, ein Sturm von 2 langen Tagen, in denen wir jeden Moment mit dem Aufruf rechneten, der eine Trennung fürs Leben bedeuten konnte. Die Funktion meiner Frau hat uns diesmal gerettet, die gesamte Familie blieb «gesperrt»[81]. Doch viele verloren in diesen Tagen den letzten und kostbarsten Besitz, manchmal sogar, ohne noch von ihren Lieben Abschied nehmen zu können. Denn von 4 Uhr an war das gesamte Lager gesperrt, «Blocksperre» hieß das, will sagen, man musste in der Gasse zwischen eigener Baracke und Nebenbaracke bleiben und … die Aufrufe für die sofortige Abreise gingen weiter. Bis ½ 9 konnten die Frauen, die wegmussten,[82] noch kurz vorbeikommen, danach bis ca. halb elf war auch das nicht mehr möglich, und mancher Mann und manche Frau mussten am Morgen erfahren, dass das Unbeschreibliche passiert war.

Ich würde dir gern unser Leben hier beschreiben, das kein ruhiges Leben ist, wie wir uns das vorgestellt hatten, sondern ein Leben in heftiger Unruhe, aber ich habe heute wichtigere Dinge zu berichten.

Diese Gefahr, die Trennung, hängt weiter wie ein Damoklesschwert über unseren Köpfen: Und es gibt nur einen Weg, sie zu vermeiden. Gérard muss unter allen Umständen bei den Italienern erwirken, dass ich für eine Verschickung nach Deutschland gesperrt werde, und zwar unverzüglich, denn jeder Tag kann neue Gefahr bedeuten. Wenn sein Bericht über seine damals vergebliche Reise korrekt war, waren sie, ebenso wie die Deutschen, hierzu[83] bereit. Er soll sich unverzüglich mit Herrn Moses[84] in Tilburg in Verbindung setzen. Wenn es uns gelingt, hierzubleiben, nehme ich an, dass wir es mit zusätzlicher Nahrung schaffen können, und das, obwohl das Leben in einem Konzentrationslager, denn genau das ist das Lager Vught entgegen aller Schönfärberei, sehr hart ist, wegen der Aufregung, die die Tage manchmal mit sich bringen können, und der Länge der Tage mit einer für diese lange Dauer viel[85] zu kleinen Essensration.

Aufstehen um 4 Uhr, um 6 Uhr antreten zur Arbeit, von 12 – 1 Ruhe, anschließend wieder bis 6 Uhr Arbeit und danach, wenn nicht zu viel dazwischenkommt, Ruhe bis 9 Uhr und schlafen. Morgens um 6 und abends um 6 ist Appell. Die Appelle dauern aber manchmal sehr lange, die Frauen hatten im gleichen Zeitraum bereits 2, die bis ½8 dauerten, und der Appell vom Montag, bei dem viele von den Männern ausgelesen wurden, die fortmussten, dauerte von 4 – 8 Uhr. Regen oder nicht Regen, es hört nicht auf, ebenso die Arbeit.

Ich hoffe, dir später viel mehr Einzelheiten berichten zu können, für heute nur noch dies. Meine Frau ist also Ärztin, wie schon gesagt, ich bin mittlerweile Verwalter bei der Abt. Wasch. Klaus wurde aufgrund einer besonderen Ausnahmeregelung als Lehrling in der Zimmermannswerkstatt übernommen, und die Mädchen[86] stehen bei Philips auf der Warteliste.

Nun, Hanne,[87] du weißt jetzt, wie es steht, tu auch du, was in deinen Kräften steht, damit Gérard sich alle Mühe gibt, hilf mit, dafür zu sorgen, dass uns das einzige Leid, das wir wahrscheinlich nicht ertragen können, erspart bleibt.

In alter[88] herzlicher Freundschaft,

Dein W. Deen

[Beidseitig mit Bleistift beschriebenes Blatt. Formular des Lagers Vught mit vorgedrucktem Text in niederländischer Sprache. Die Versoseite teilt sich in zwei linierte Spalten; zwischen den Spalten läuft von oben nach unten die gedruckte Anweisung, die vorgegebenen Zeilen zu benutzen. Auf der Rectoseite, links über der linken Spalte: «Concentratie-kamp / s'-Hertogenbosch / Auffanglager», rechts über der linken Spalte auf der vorgedruckten Zeile handschriftlich das Datum: «16/6». Unter der linken Spalte ein Feld mit dem Text «Ruimte voor Censuurstempel» (deutsch: Raum für Zensurstempel), mit Stempel und Paraphe sowie ein leeres Textfeld mit der Aufschrift «Controle Blokleider» (Kontrolle Blockleiter). Die rechte Spalte ist für die Adressierung vorgesehen, vorgedruckt steht hier «Aan» (An) (dazu vier vorgedruckte Linien für die Eintragung); «Afzender» (Absender) (dazu eine vorgedruckte Linie); darunter «voornaam volledig» (vollständiger Vorname), «geb.» (dazu eine vorgedruckte Linie) und schließlich «K.L. s'-Hertogenbosch / Auffanglager». Nach «Aan» ist handschriftlich eingetragen: «Mej. (Frl.) H. Gerritsen / Heisteeg D 362 / Oisterwijk»; nach «Afzender» ist handschriftlich eingetragen: «Helga Deen Barak (Baracke) 34 B», nach «geb.» (ebenfalls handschriftlich eingetragen): «6-4-'25».]

Liebe Drei,

heute ist hier Schreibtag, und ihr hört einmal von mir. Vielen Dank für die gekochten Erbsen und leckeren Sachen, die ihr mir geschickt habt. Sie waren köstlich. Die Menge und Qualität des Essens wie auch der meisten anderen Dinge sind hier gut. Ich wäre sehr dankbar, wenn Hanneke nächstes Mal etwas Puder mitschicken könnte, am liebsten in einer Blechbüchse, weil Karton so leicht kaputtgeht. Die Hygiene ist hier zwar sehr gut, aber etwas mehr Pflege wäre trotzdem sehr angenehm. Das ist wirklich keine Eitelkeit.
Sind die Kirschen, Stachel- und Johannisbeeren schon reif? Hattet ihr schöne Pfingsten? Was machten die Abschlussprüfung und die Malerei? Bin sehr neugierig.
Ich lese oft im Pallieter[89] und merke dann immer, wie mir bei all dem leckeren Essen das Wasser im Mund zusammenläuft,

und freue mich an den vielen lustigen und schönen Beschreibungen. Die Odyssee lese ich mit einem Mädchen, das auf der Pritsche neben mir liegt und einen Gymn.abschluss[90] hat. Bist du zufrieden, Gérard? Ganz gelegentlich habe ich gezeichnet und hatte danach auch ein wirklich befriedigtes Gefühl. Neulich habe ich hier noch jemanden malen gesehen. Es war aber Stümperei. Hat Hankie wieder einmal etwas von ihrer Freundin aus der Heuvelstraat[91] gehört? Es gibt noch so viel zu schreiben, aber ich muss aufhören.

Alles Liebe und bis irgendwann! Helleke

[Einseitig mit Bleistift beschriebene Postkarte von Helga Deen an K. v. d. Berg, ohne weitere Adressierung. Nicht datiert, ohne Poststempel.]

Liebster

Danke. Brief erhalten und gelesen. Tagebuch kriegst du. Hölle unbeschreiblich. Halte mich gut. Am schlimmsten, all das Vertraute wiederzusehen.

Helga

Helga Deen (1925–1943).

Regionaal Archief Tilburg, Archief Conrad van den Berg

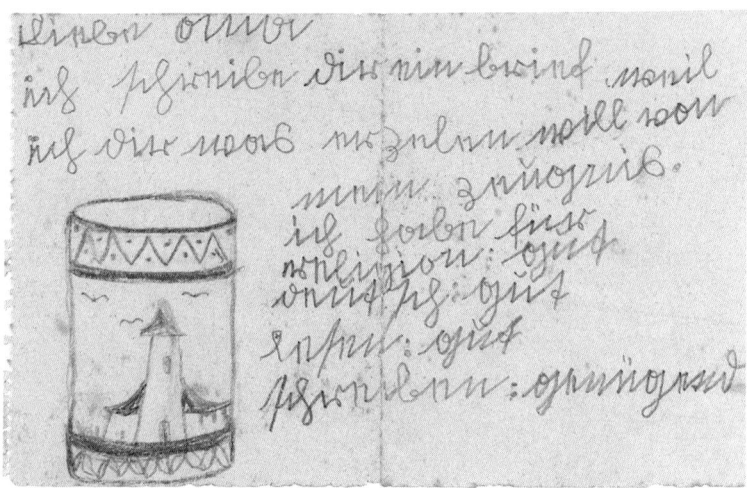

Geburtstagsglückwünsche der vierjährigen Helga Deen an
ihre Großmutter Gertrude Deen-Wolff in Tilburg, vom 4. (Juni?) 1929.

Regionaal Archief Tilburg, Archief Conrad van den Berg

Die Heuvelstraat in Tilburg, 1928. [...] in der Mitte das Haus (mit den drei
Schornsteinen) der Witwe Gertrude [...] hier lebte Helga Deen 1933 und später
von Januar bis Juni 1943.

Regionaal Archief Tilburg

Der Pelgrimsweg in Tilburg. Links das St. Liduinakloster und im Hintergrund die Sacramentskerk an der Ringbaan-Oost. Helga Deen wohnte hier vom Mai 1934 bis zum Januar 1943. Foto um 1950.

Regionaal Archief Tilburg

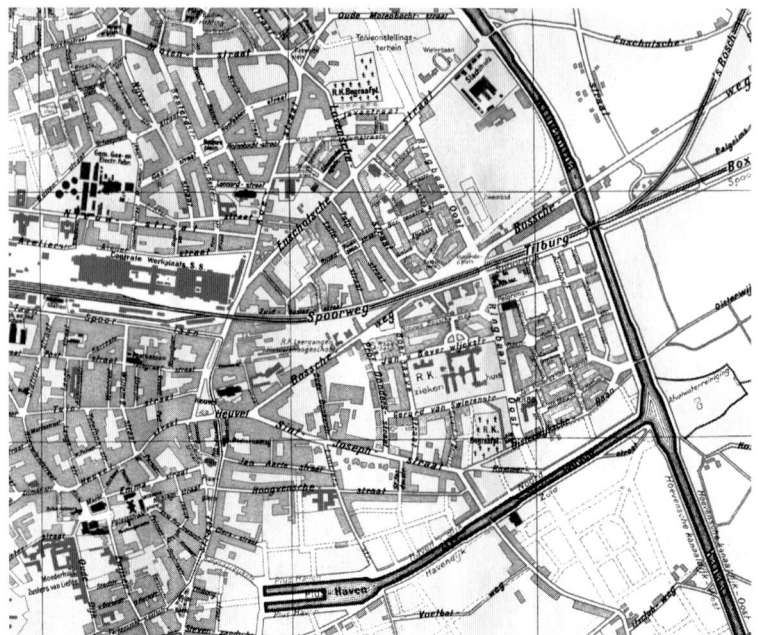

Stadtplan des südöstlichen Teils von Tilburg, 1934. Rechts beim Wilhelminakanal der Stadtteil Armhoefse Akkers mit dem Pelgrimsweg und der Rijks-HBS. Links südlich vom Bahnhof die Heuvelstraat, die Willem II-straat und die Korte Schijfstraat.

Regionaal Archief Tilburg

Die «Openbare lagere school Nr. 3» an der Korte Schijfstraat in Tilburg. Diese Grundschule besuchte Helga Deen vom September 1933 bis August 1937. Zeichnung von 1947.

Regionaal Archief Tilburg

Klassenfoto vom Dezember 1933. Hinten rechts, das zweite Mädchen von rechts ist Helga Deen.

Regionaal Archief Tilburg, Schenkung P.Teurlings

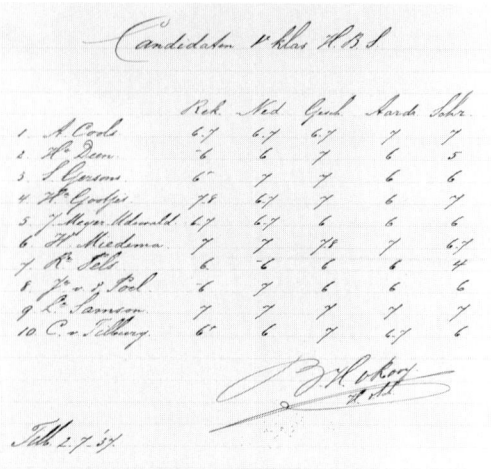

Zeugnis von Helga Deen, ausgestellt am 2. Juli 1937 vom
Direktor der Grundschule B. H. van Rooy anlässlich ihres
Wechsels auf die HBS.

Regionaal Archief Tilburg

Die Rijks-HBS Koning Willem II an der Ringbaan-Oost in Tilburg. Helga Deen ging
hier vom September 1937 bis zum Sommer 1941 zur Schule.

Regionaal Archief Tilburg

Helga Deen. Ausschnitt eines
Klassenfotos der Rijks-HBS
Koning Willem II, 1939.
Koning Willem II College, Tilburg

Helga Deens Freundin Hanneke
Gerritsen (1924–1998).
Foto 1939.
Koning Willem II College, Tilburg

| | | IIe KLASSE. A | Schooljaar 19.. — 19... | | | | | | | | | | | | | | 323 |

H. Deen

	Iᵉ TRIMESTER. Gedrag: zeer goed.			IIᵉ TRIMESTER. Gedrag: zeer goed.			IIIᵉ TRIMESTER. Gedrag: zeer goed.			Aanmerkingen. zeer goed.
	Vlijt	Vordering gedurende 1ste Trim.	Repetitie	Predikaat voor het getuigschr.	Vlijt	Vordering gedurende 2ᵈᵉ Trim.	Repetitie	Predikaat voor het getuigschr.	Vlijt	Vordering gedurende 3ᵈᵉ Trim.	Repetitie	Predikaat voor het getuigschr.	
Reken- en Stelkunde	7	4	6	5	6	5	6½	6	6	4	3	4	6 6 3 5
Meetkunde	7	7	4½	6	6	5	2	4	7	6	6	6	6 6 3 6
Nat. Historie	7	5	5	5	7	4	7	6	7			6	7 6 6
	7	7	7	7	8	8	8	8	8	8	8	8	8 8 8 8
Aardrijkskunde	7	7	7/8	7	8	8	7/8	8	8	8	8	8	8 7 8 8
Geschiedenis	6	6	6	6	6	6	6	6	7	6		6	8 6 7 7
Nederlandsch	7	7	5	6	6	6-	6-	6	6	6+	6½	6	6 6 6 6
Fransch	6	6	4	5	7	7	6½	7	7	7	7	7	7 7 6 7
Engelsch	7	6	6	7	7	6	6	6	7	6	6	6	7 6 7 7
Hoogduitsch	8	9	9	9	8	9	9	9	8	8	8	8	7 7 7
Handteekenen	8			7	8			7	8	7		7	8 8
Gymnastiek	8			6	8			7	7		6	7	7

Zeugnis von Helga Deen für das Schuljahr 1940–1941, Klasse II A der
Rijks-HBS Koning Willem II.
Regionaal Archief Tilburg

Helga Deens Eintrag in Clara van Winsens Poesie-album. Im Schuljahr 1937–1938 besuchten sie zusammen die Klasse I der HBS.   M. Metzlar

Liebe Clara

Allzeit fröhlich ist gefährlich
Allzeit traurig ist beschwerlich
Allzeit glücklich ist betrüglich
Eins ums andere ist vergnüglich

Zur Erinnerung
an
Helga Deen.

Die jüdische Synagoge an der
Willem II-straat in Tilburg, 1929.
Regionaal Archief Tilburg

Helga Deen auf der Terrasse
des Hauses am Pelgrimsweg
in Tilburg.

F. Goudsmit-Bloemgarten

Klaus und Helga Deen
(1928–1943).

F. Goudsmit-Bloemgarten

```
Rijks Hogere Burgerschool

  " Willem II "

    te

T I L B U R G.                    Tilburg,30 Augustus 1941


                      Opgave van joodse leerlingen,die op 31 Augustus
           stonden ingeschreven aan de Rijks Hogere Burgerschool " Willem II ".

  1. Milan Bretisch        geb.5 April  1921   Ph.Vingboonstraat 39
  2.Klaus Deen               ,,  22 Juni  1928   Pelgrimsweg 45
  3.Helga Deen               ,,   6 April  1925       ,,
  4.Salomon Gersons          ,,  29 Juli  1925   B.Zwijsenstraat 47
  5.Alex van Leeuwen         ,,  12April  1929   Gasthuisstraat 41
  6.Donald M.Mendels         ,,   8 Febr. 1928   K.Goirlescheweg 60
  7.Joan Meijer-Udewald      ,,   6 Juni  1925   B.v.Meusstraat 47
  8.Robert S.Meijer-Udewald  ,,  11 Mrt.  1929       ,,
  9.Ilse L.Nathan            ,,   4 Nov.  1926   Oisterwijkschebaan 70
 10.Gerda Nothman            ,,  26 Mei   1927   Pelgrimsweg 45
 11.Harold A.Pels            ,,  10Febr.  1929   Oisterwijkschebaan 73
 12.Anita Roos               ,,   3 Juli  1925   N.Bosscheweg 94
 13.Lore Samson              ,,  14 Mrt.  1925   Bosscheweg 418


 14.Ralph Kalfuss  geb.18 October 1926  Koestraat A 27 OIRSCHOT.
```

Am 30. August 1941 übergab der Direktor der Rijks-HBS Koning Willem II,
J. A. Bastiaenen, der Stadtverwaltung von Tilburg eine Liste aller an der Schule
gemeldeten jüdischen Schüler.   Regionaal Archief Tilburg

Das Jüdische Lyzeum am Papenhulst 29 in 's-Hertogenbosch, 1938.
Stadsarchief 's-Hertogenbosch

Schüler und Mitarbeiter des Jüdischen Lyzeums am 31. Juli 1942 in 's-Hertogenbosch. Helga Deen in der ersten Reihe links.

F. Goudsmit-Bloemgarten

Kees van den Berg (1923–2001)
in den 40er Jahren.

Wim van den Berg

Zeichnung von Helga Deen, datiert 28. Juni 1942. Vermutlich einer Zeichnung der deutschen Illustratorin Sulamith Wülfing nachempfunden.

Regionaal Archief Tilburg, Schenkung von F. Goudsmit-Bloemgarten

Helga Deen, gemalt von Kees van den Berg nach einer Fotografie.

Conrad van den Berg

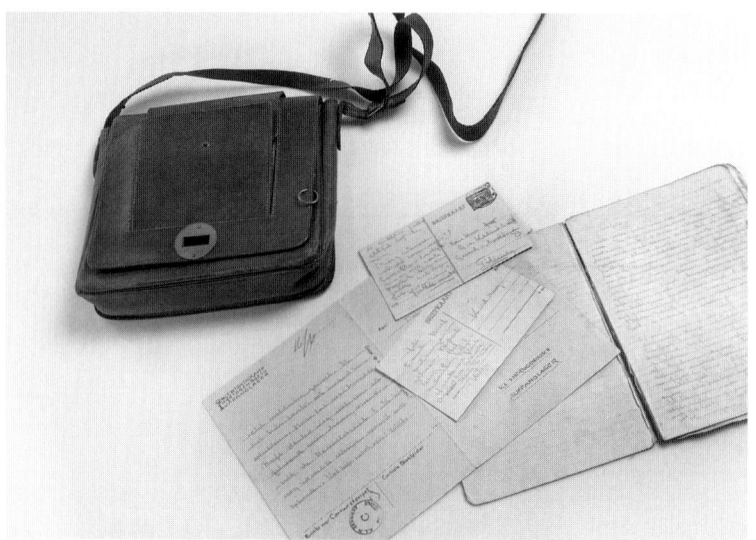

Die Handtasche, in der das Tagebuch und die Briefe von Helga Deen gefunden wurden. Aus dem Nachlass von Kees van den Berg.

Regionaal Archief Tilburg, Archief Conrad van den Berg

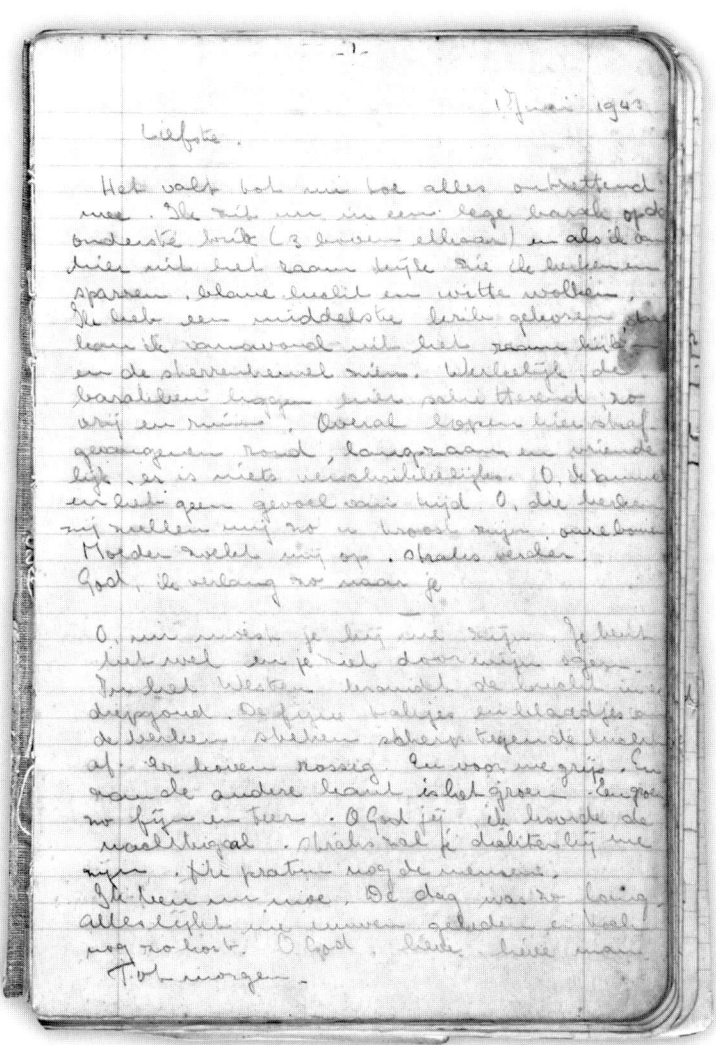

Seite 1 aus Helga Deens Tagebuch.

Regionaal Archief Tilburg, Archief Conrad van den Berg

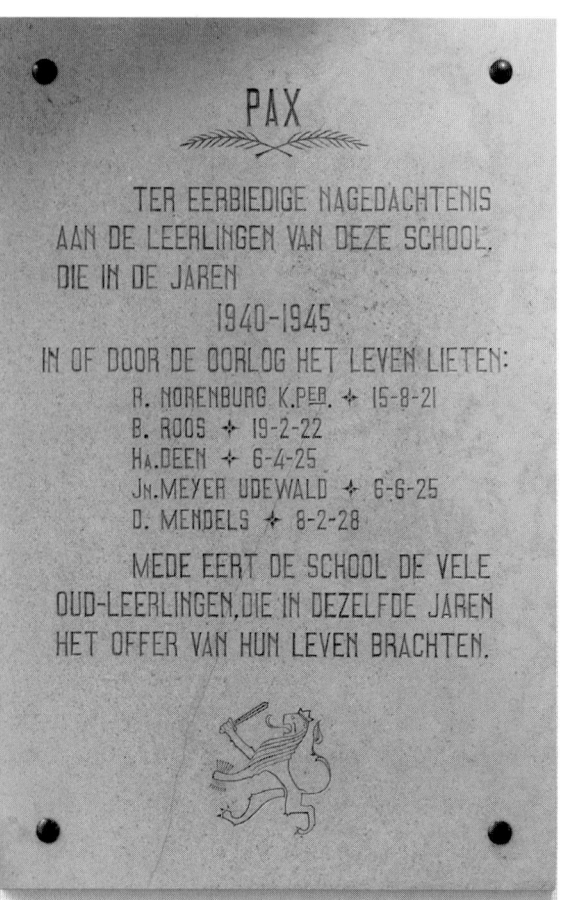

PAX

TER EERBIEDIGE NAGEDACHTENIS
AAN DE LEERLINGEN VAN DEZE SCHOOL,
DIE IN DE JAREN
1940-1945
IN OF DOOR DE OORLOG HET LEVEN LIETEN:
R. NORENBURG K.PER. + 15-8-21
B. ROOS + 19-2-22
HA.DEEN + 6-4-25
JN.MEYER UDEWALD + 6-6-25
D. MENDELS + 8-2-28

MEDE EERT DE SCHOOL DE VELE
OUD-LEERLINGEN,DIE IN DEZELFDE JAREN
HET OFFER VAN HUN LEVEN BRACHTEN.

Gedenkstein für die zwischen 1940 und 1945 umgekommenen
Schüler und Schülerinnen der Rijks-HBS Koning Willem II.
Der Gedenkstein wurde 1947 enthüllt und befindet sich heute
im neuen Schulgebäude des Koning Willem II College am
Tatraweg 80 in Tilburg. Foto Jan Stads

[Beidseitig mit Bleistift beschriebenes Blatt. Brief von Helga Deen an
Frl. H. Gerritsen, Heisteeg D 362, Oisterwijk. Der Umschlag weist
einen Poststempel auf: Amsterdam, 1. Juli 1943, sowie zwei Stempel des
Jüdischen Rats für Amsterdam. Ein weiterer Stempel auf dem Umschlag
enthält den Text: «Verzoeke dringend bei onbestelbaarkeid van dezen
brief aan afzender te retourneeren» (deutsch: Bei Unzustellbarkeit
zurück an Absender).]

[Freitag] 2. Juli 1943.

Liebe Drei.

Mitten im Packen, schnell noch ein paar Zeilen. Denn wir gehen hier fort. Ob wir in Westerbork bleiben, weiß ich nicht,
aber wahrscheinlich zumindest vorläufig wegen unserer
neuen «Sperrung»[92]. M.[93] in Tilburg müsste mehr darüber
wissen. Zwei Briefe sind mit dem vorigen Transport fort, ich
nehme an, dass ihr sie nie bekommen habt, außerdem ist noch
ein alberner, nichtssagender Lagerbrief unterwegs. Ich habe
einen Brief von Kees erhalten, die Post arbeitet hier schlecht,
und viele Briefe gehen verloren. Ich sollte morgen auf Probe bei
Philips arbeiten, was hier vorläufige Sperrung heißt, knapp[94] zu
spät. Gerda wurde schon von Ph. übernommen, sie bleibt also.
Der Transport ist wieder riesengroß, nur was in der Industrie
arbeitet, bleibt hier. Ein großer Teil der Männer, die vorher auf
dem Moerdijk gearbeitet haben, sind vor ein paar Tagen wie-
dergekommen. Ein Teil ihrer Frauen und Kinder ist mit dem
vorigen Transport fort. Die andern gehen jetzt mit ihren Männern. Der Familienverband ist aufgehoben! Jeder ist also auf
sich selbst angewiesen.
Die Stimmung hier ist merkwürdig gut, teilweise sogar fröhlich, obwohl die Männer im Allgemeinen noch niederge-
schlagener sind als die Frauen. Das starke Geschlecht! Mich
selbst kann nichts aus der Ruhe bringen, keinen von uns, wir

65

sind gesund, fröhlich und mutig und gehen dem Neuen mit dem größten Optimismus entgegen. Landstreicher, heimatlose Gesellen sind wir – also müssen wir uns auch an ihre Lebensweise anpassen.

Was wir diesen Monat durchgemacht haben, ist unbeschreiblich, und für jemanden, der es nicht selbst durchgemacht hat, unvorstellbar. Dieser Monat wurde zu einer Ewigkeit. Ein schrecklicher Albtraum, aus dem man nicht wach werden kann und der trotzdem verstreicht, so schlecht oder gut es eben geht. Angst kenne ich keine mehr, es gibt keine schrecklichen Überraschungen mehr, das Unmöglichste ist möglich geworden. Trotzdem weiß ich, dass ich durchkomme, man hat es zum großen Teil selbst in der Hand, solange[95] man nur will. Und ich will, will, will, was auch geschieht, meine Gesundheit, mein Mut und meine Fröhlichkeit werden mich nicht im Stich lassen, solange ich nur will. Das Glück lebt in mir, ich hatte auch wunderschöne Augenblicke. Das Leben ist für mich Kampf, Verlangen und Glück. Liebe, Hoffnung, alles, Höhen und Tiefen. Gerade in den schwierigsten Momenten ist mir das Glück ganz nah, kann ich mein Loblied singen und Gott danken und Ihn um Kraft anflehen, immer von neuem.

Mein Tagebuch ist etwas Kostbares für mich, ich habe oft hineingeschrieben und war immer getröstet. Es stehen keine Fakten in diesem Heft, nur ich selbst, Kampf. Liebe Drei, lasst es euch gutgehen und schreibt nach Westerbork.

Alles, alles Liebe, Mut und Vertrauen!

Bis irgendwann!

Eure Helleke

[Beidseitig mit Bleistift beschriebenes Blatt. Brief von Helga Deen an Herrn K. v. d. Berg, p/a G. van Kalmthout, Gerard van Swietenstr. 79, Tilburg, N.-Br. Der Absender lautet: «Helga Deen, geb. 6-4-'25 / Barak (deutsch: Baracke) 58. Lager Westerbork. Drente». Poststempel: Assen, 12. Juli 1943.]

[Donnerstag] 8. Juli 1943.

Liebster!

Es ist jetzt Abend und eigentlich Schlafenszeit, aber am Schreibtag bleibe ich gerne etwas länger auf. Es ist mittlerweile fast eine Woche her, seit ich hier bin, die Zeit bleibt nicht stehen, obwohl die 5 Wochen, die ich von zu Hause fort bin, ewig scheinen. Der Abschied von Brabant und allem Bekannten ist mir unsagbar schwergefallen. Nie hätte ich geglaubt, dass ich so daran hänge, dass Brabant für mich Holland bedeutet. Mir brach fast das Herz, als ich die letzten Wälder Brabants, den Gleisweg nach Tilburg, den Bosscheweg[96], einen Laden, in dem ich einmal etwas gekauft hatte, einen Radbauer, Vught, das alles vielleicht für lange, vielleicht überhaupt zum letzten Mal sah. Am Bahnsteig G. B. aus Tilburg, und dein Brief, deine Freundlichkeit, Hilfsbereitschaft, verstehst du, einen Moment lang habe ich mich da gehenlassen. All die Tage, Wochen, sogar noch am letzten Tag war ich tapfer gewesen, fröhlich, aber dieser Abschied, all dies Gute, das war zu viel.[97]
Der Freiheit so nah zu sein, sie zu sehen und doch nicht darin zu leben. Aber wie Kinder ihren Kummer vergessen, sobald sie etwas Neues und Ungeahntes sehen, so hat sich auch mein Abschiedsschmerz durch so viel Neues und Ungekanntes[98] gelegt. Drente ist so anders, so ganz anders als Brabant, fremdartig. Die Landschaft hat nichts Liebliches mehr, ist hart und dürr, aber mit ihrer Weite oft auch überwältigend. Die Heide ist anders, viel eintöniger, unendlich, und vor dem dunklen Wolkenhim-

mel fliegen Schwärme weißer, kreischender Möwen. Ein einzelner Bauernhof, ganz fern, weiter nichts, nichts. Ich weiß nicht, ob du das Gedicht von Adama[99] van Scheltema kennst:
Auf der Heide stand Vater
Und stach mit seinem Spaten.[100]
Diese Verse werden dir sicher kaum etwas sagen, ich kann es auch nicht weiter, aber das Gedicht im Ganzen ist Drente, ist die Eintönigkeit, Dürre und Größe dieser Landschaft.

Über deine beiden Briefe habe ich mich sehr gefreut, vor allem über den ersten, er hat mich wieder ganz in unsere Stimmungen versetzt. Du darfst aber ruhig ein bisschen mehr schreiben, ich sehe hier immer gespannt auf die Stapel Briefe, ob nicht vielleicht etwas von euch dabei ist. Außerdem verstehe ich nicht, warum Hanneke und Gérard nie geschrieben haben, sie mögen ja sehr mit ihrer Arbeit beschäftigt sein, aber es wird doch ab und zu Zeit für einen Brief bleiben. Ich bin so überglücklich über jede Nachricht von euch. Hier werden alle überhäuft mit Briefen von allerlei[101] oberflächlichen Bekannten, und erst recht von ihren Freunden und Familienangehörigen.[102] Es tut sehr weh, wenn du von den eigenen Freunden nur dann und wann einen fernen Gruß bekommst, das schmeckt sehr nach Vergessen und Vernachlässigung. Also schreibt regelmäßig und viel, es kann nie zu viel sein.

Was macht das «Anstreichen», arbeitest du regelmäßig und hast du sehr zu kämpfen mit den Höhen und Tiefen deines Künstlerringens? Ach, ich wollte, ich könnte auch malen. Wenn ich etwas Schönes sehe, denke ich immer an dich und versuche, durch deine Augen zu sehen. Wie steht's mit Hannekes und Gérards Examen, das habe ich alles schon früher gefragt. Seid ihr noch oft zusammen und geht spazieren, woran denkt ihr, und worüber redet ihr? Was machen meine vertrauten Orte am Galgenven?[103] Wenn's geht, schickt ihr mir einmal Schnappschüsse von allem Bekannten und euch selbst? Mich interessiert alles und alle. Hat Herr Hamburger[104] dir mein Heft gegeben? Lieber, lieber Mann, lass deine Gedanken und Sehnsüchte[105] meine kreuzen und uns zusammen an[106] unserem goldenen Band entlang weitergehen, schreib viel und regelmäßig.

Deine Helleke

[Zwei nummerierte, beidseitig mit Tinte beschriebene Blätter. Brief von Kees van den Berg an Helga Deen. Nicht datiert. Der Umschlag weist einen Poststempel auf: Tilburg, 10. Juli 1943, einen weiteren Poststempel: Assen, 14. Juli 1943, sowie einen Stempel, aus dem hervorgeht, dass der Brief unzustellbar war. Der Brief ist adressiert an: «Helga Deen, geb. 6-4-25, Lager Westerbork, Hoogstralen Oost, Drente». Auf der Rückseite des Umschlags steht: «J. P. Coenstr. 64, Tilburg».]

Irin.

Ich habe wieder, zum wiederholten Mal, dein Tagebuch gelesen. Mir ist klargeworden, dass es eine große Dummheit von mir war, dir so einen Brief zu schreiben (hast du ihn bekommen, den von Westerbork?). Es ging um Glück. Es stimmt schon, für mich ist das alles schön und gut und sogar wahr, restlos durchlebt, aber ich vergesse, dass du in einer völlig anderen Welt lebst. Wenn du dich in der Lage, in der du jetzt bist und in der du wirklich dein Bestes gibst, bemühst, glücklich zu sein, wenigstens ganz gelegentlich, und wenn du in dieser Lage aus der Außenwelt einen Brief kriegst, der vor Glück dröhnt (ja, dröhnen), dann fühlst du dich vielleicht schwach und entfernst dich noch weiter vom Glück, als du schon bist. War es nicht auch so bei Chagall[107]? Da war ich viel zu begeistert, habe dich mit etwas bombardiert, was dir im Augenblick fremd ist und was dich durch seine plötzliche Wucht eher abgestoßen als dir meine Sichtweise nähergebracht hat. So war es auch, da aber im ganz umgekehrten Fall, mit meinem ersten Brief. Da war ich ganz begeistert über die Verträumtheit, die Stille des Abends, aber vergaß dabei, dass es zu heftig war, womit ich dich überfiel, ich hätte viel, viel vorsichtiger sein müssen. Darum hast du dich nach dem Brief so elend gefühlt, hast gefürchtet, dass ich gar nichts von dir wüsste. Das ist wirklich unser vorrangigstes Problem, dass du nicht weißt, ob ich dich verstehe. O ja, jetzt verstehe ich so ein bisschen, so ein ganz kleines bisschen, was die neuen Lebensnormen[108] für dich bedeuten. Und jetzt erst weiß ich, dass ich nicht vorsichtig genug sein kann, da jedes Wort, jeder Eindruck von außen dir ein unruhiges, zwiespältiges Gefühl einflößt: hier das Streben nach Ruhe, nach einem Glück, das du in dir selbst findest, und dort die Ausgelassenheit, der Abgrund der freien Welt. Das zerreißt dich. Das will ich nun vermeiden, da ich gerade erst anfange zu verstehen, wie schwierig es für dich ist. Du kämpfst[109], du klammerst dich an das winzige Stückchen Schönheit, das noch in dir ist, und von außen kriegst du große Brocken Begeisterung, die du gar nicht verdauen kannst. Ich hoffe inbrünstig, dass dieser Brief dich erreicht.

In deinem Tagebuch habe ich gelesen, wie es dir in den letzten anderthalb Wochen ergangen ist. O du, dass ich dein Allerkostbarstes an mich nehmen durfte! Es gibt mir viel Trost, weil ich nun, teilweise und aus sehr großem Abstand, doch zumindest einen Teil deiner Schwierigkeiten verstehen und tiefer in dich eindringen kann, so wie du in dieser Zeit warst.

Ich denke, dass ich nun auch besser verstehe, warum ich in der letzten Woche nichts über mich[110] lese. (Was war ich nur für ein eifersüchtiger Egoist, dass ich das nicht gleich begriffen habe.) Es ist, weil du gerade erst dabei warst, dich etwas an das Leben anzupassen, wie du es damals gelebt hast. Und du musstest dich anpassen, dein Verlangen durfte nicht zu heftig werden, weil es dich sonst zerstört hätte. Unbewusst hast du sehr vernünftig gehandelt. Ach, und ich weiß natürlich nicht, ob du wirklich ganz leer warst, ab und zu wirst du ja doch Unruhe und Verlangen verspürt haben. Ich denke sehr, sehr oft an dich, und es stimmt, ich fange jetzt erst an, dich richtig zu vermissen. Ich wäre so gern bei dir, um dir zu helfen. Ich könnte mich in deine Lage einleben und Verständnis dafür zeigen.

Und trotzdem, Liebes, so schlimm es vielleicht für dich klingt, hatte Vater[111] unrecht, als er damals mit dir über uns gesprochen hat? Ich fühle jetzt die Grausamkeit der Trennung, aber was wir zusammen hatten, würde ich nie missen wollen, so schwach und so unvollkommen es gewesen sein mag, wie du ja in deinem Tagebuch nach diesem Zitat von Rilke[112] auch geschlossen hast. Denn du hast etwas in mir geweckt: ein großes Verlangen nach etwas sehr Schönem und nach dem Guten, etwas, was es früher zwar auch schon in mir gab, aber nie so stark und lebendig wie jetzt. Darum, auch, das klingt vielleicht seltsam für dich, aber darum kann ich doch schwach sein. Was die nahe Zukunft dir bringen wird, wird nicht sehr rosig sein. Ich vermute, dass ich selbst in einer Woche oder so in Deutschland sitze, wenn ich zumindest keinen Studienurlaub bekomme. Aber auch ich weiß, dass wir beide unser Heimweh nach Glück nicht verlieren werden, und dieses große Verlangen, das manchmal tief und brennend wird, das ist doch eigentlich das Glück!

Liebes, wenn ich dir nicht ganz so schreibe, wie ich schreiben müsste, wenn es dich nicht ganz zufriedenstellt, dann sollst du doch wissen, dass ich wirklich mein Bestes tue, um dich zu verstehen und dir wenigstens etwas zu geben.

Ich will nicht klagen, das wäre ein Zeichen, dass ich deine Lage nicht verstehe, es hieße, kein Gefühl für deine für dich so schwierige Situation aufzubringen. Aber ich klage auch nicht, wenn ich dir ehrlich sage, dass es mir manchmal sehr, sehr schwerfällt, trotz allem doch noch weiterzuarbeiten und ständig begeistert zu sein und völlig in meiner Arbeit aufzugehen. Manchmal kommt mir alles so sinnlos vor, seit du fort bist. Natürlich geht das so nicht. Ich muss gerade in meiner Arbeit ausdrücken, dass du mir etwas gegeben hast, dir in meiner Arbeit danken.

Liebes, bleib in Gottes Namen stark. Und wenn es je so schwer für dich wird, dass du nur weiterleben kannst, indem du mich vergisst, dann vergiss mich auch. Aber vielleicht verstehst du nicht, was ich meine: Dein Verlangen könnte dich zu stark mitnehmen, und wenn es je anfangen sollte, an deiner Lebenskraft zu nagen, dann schalt es aus, wie du es vielleicht in der einen Woche getan hast, jedenfalls teilweise, weil du sonst zugrunde gegangen wärst. Da musstest du einfach alles an dir abprallen lassen, ich glaube, ich versteh das schon.

Liebes, ich weiß nicht, ob ich dir mit diesem Brief oder mit dem anderen etwas geben konnte. Nimm es sonst wenigstens als Versuch, dir etwas geben zu wollen. Ich würde dir so gern ganz helfen. Es quält mich immer stärker, dass du so allein bist. Ja, du bist allein in diesem Lager, vielleicht bist du sogar die Einzige, die über diesem tierischen Herdeninstinkt steht, weil du innerlich wahrhaft schön bist und weil du immer in der Schönheit der Natur nach Berührung suchst. Aber versuch jetzt auch, dich an der Schönheit der allerkleinsten Dinge in deiner Umgebung zu freuen, notfalls an einem Grashalm oder einem Käfer.

Liebes, wenn du zu viele Qualen leiden musst, dann denk nicht an mich, nicht zu oft[113] wenigstens.

Vertrau auf die Stärke des goldenen Bandes.

Liebes, ich danke dir,

bis irgendwann.

Schreib mir, wenn du

kannst.[114]

[Beidseitig mit Tinte beschriebenes Blatt. Brief von Kees van den Berg an Helga Deen. Der Umschlag weist einen Poststempel auf: Tilburg, 15. Juli 1943, einen weiteren Poststempel: Assen, 23. Juli 1943, und den handschriftlichen Text: «niet in 58» (deutsch: nicht in 58). Der Brief ist adressiert an: «Helga Deen, geb. 6-4-25, Barak (Baracke) 58, Lager Westerbork, Post Hoogstralen, Drente». Dieser Text wurde gestrichen, daneben steht: «Tilburg». Auf der Rückseite des Umschlags: «Kees van den Berg, JP Coenstr. 64, Tilburg».]

Mädchen,

ja, ich habe deinen Brief vom 8. bekommen und mich sehr darüber gefreut. Aber ich kann im Moment nicht systematisch vorgehen und dir Punkt für Punkt antworten. Mein Kopf ist zu voll dafür. André Gide[115] schrieb für solche Fälle: «Heute Morgen habe ich wie jemand geschrieben, der aus Furcht, einen Fehler zu machen, Wortgirlanden aneinanderreiht.» Findest du das nicht schön gesagt? Mein Gott, so viele Bilder stürmen auf mich ein! Alles lebt und bewegt sich. Ich ertrinke in der Flut neuer Eindrücke, die sich mit Macht in mein junges Leben drängen. Darum ist wohl auch die Unzufriedenheit über meine Arbeit so groß, weil ich noch nicht vermag, in reiner, strenger Form auszusagen, was genau mich bewegt. Ich stehe ganz allein, rings um mich wachsen grüne Bäume in den Himmel und schütteln ihre schweren, prallen Blattleiber, der Wind heftet sie mir von allen Seiten an den Leib, und die Haare fliegen mir davon, ich weiß nicht, wohin. Die Sonne blinzelt durch die wogenden weißen Wolken, und das Korn tanzt rauschend und duftet zugleich, und gelb ist es auch, ockergelb, und ach, auch das Wasser ist ein unbegreifliches Wunder, alles tanzt und bewegt sich und wächst und lacht. Ich bin ein Winzling, der sich an einer schweren, üppigen Traube berauscht (hast du die Trappistinnen-Morellen bekommen?). Ich bin klein und stehe inmitten von allem. Ja, wenn ich den Verstand verlieren würde, dann wäre alles ganz leicht, aber ich will und ich werde alle Freude, alles Leben, alles Leid und alle Lust in feste Formen gießen, wie ein Architekt bauen und aus all dem wimmelnden Leben Formen schaffen. Es ist, als würde ich die Welt neu entdecken, sie begegnet mir jeden Tag neu, und ständig erlebe ich die gleiche Überraschung eines, der durch ein Mikroskop auf etwas blickt, was er schon ganz zu kennen glaubte. Darum weiß ich auch, dass es mir nie gelingen wird, mein Glück im Erreichen, im Besitzen zu finden. Übrigens, als ich das herausgefunden hatte, als ich herausfand, dass von mir gerade das immer wechselnde, reichere und neue Verhältnis zwischen mir und allem durchlebt werden musste, wollte ich glücklich sein, da war ich auch glücklich, und mein Glück hält an, es wächst, es erfüllt mich. Oh, dass mir diese Unsicherheit immer erhalten bleibt, diese Suche nach Rhythmus. Noch begegnet mir alles ungezähmt, fast feindselig, ob der Himmel auch wohltönend lacht und die Erde voll Huld ihren Duft verströmt. Es taumelt und tanzt um mich her, wie Herbstlaub um die Bäume wirbelt. Doch wenn dann der Wind die Blätter nach und nach bändigt, wird aus dem wilden Taumel ein klarer, einfacher Rhythmus geboren, weißt du nicht, wie sie dann[116] langsam, in breit sich wiegender Bewegung, beinahe schreitend, den Raum einteilen? So muss auch ich aus unbezwungener, unbegriffener Bewegung eine breitere Form, einen «ewigen» Rhythmus wachsen lassen. Ich will die Natur nicht erstarren lassen, sie soll sich vielmehr stärker, in breiten, begriffenen Rhythmen bewegen. Wenn du diese Zeilen liest, wirst du finden, dass mein Glück einem sonnigen Lachen gleicht, aber das stimmt nicht. Denn wenn ich etwas Schönes sehe (so wie gerade die drei Linden am Galgenven, wo ich zum Malen hingegangen bin), fühle ich eine große Traurigkeit. Es ist immer der gleiche tiefe Schmerz, wie du ihn erfährst, als du[117] eine Taube, die du eben noch gestreichelt hattest, davonflattern sahst[118], und dann, ganz fern, als taumelnde Weiße verschwinden sahst in den grünen Paradiesen des abendstillen Himmels[119].

Zu lieben heißt: alles, alles, alles durch sich hindurchströmen lassen. Es ist unendlich schwer. So matt, so traurig fern ist alles. Nur das Wunder des Rhythmus, der begriffenen, sich verändernden Form, erlaubt es. Sieh dich nur um (die Natur ist weise!). Vogelzüge malen wellige Linien in die Lüfte, das Korn kann die schweren Winde nur tragen, indem es tanzt. Ach, auch auf mir lastet alles so schwer, dass ich nach solchen Formen suchen muss. Und es ist schrecklich, wenn man sie nicht gleich findet. Doch es ist unser menschliches Los, dass wir uns nicht gleich in den Tanz einreihen können; zunächst, ganz allmählich, müssen wir, immer einen Fuß vor den anderen setzend, stolpernd und fallend laufen lernen (ein Fohlen auf der Weide tanzt gleich, ein Vogel fliegt schon sehr bald, nachdem er das Nest verlassen hat). Ich fürchte, dass ich dich mit meinem Wasserfall gelangweilt habe. Und doch werde ich vorläufig wohl so wasserfallartig bleiben. Es schäumt, es taumelt noch. Fern ist der ruhige See, in dem du dein Spiegelbild betrachten kannst; darunter liegt der Grund, auf dem du ruhen kannst.

Wie schön, wie wunderbar das ist. Dass nämlich, wenn du als Wasser in den See gelangst, du wieder als stiller, aufsteigender Nebel verdampfen wirst; dass das Blatt, wenn es tief im Boden ruht, wieder Nahrung spendet, die der Baum mit tausend Wurzeln aufsaugt. Liebes, jetzt plötzlich, ich weiß nicht, warum, sehe ich wieder die Birken vor mir, und das raschelnde Laub am Boden, zwischen dem wir die Blattkäfer fanden. Und ich denke an all die anderen Orte, fast jeden Tag ruhe[120] ich dort, und meistens vermisse ich dich sehr. Doch wenn ich arbeite, nur immer weiterarbeite, dann wird es gut und wild. Mein Schmerz brennt nicht mehr, und stattdessen durchdringt mich tiefes, ruhiges Wissen wie ein lebendiges Bild. Liebes, ich würde dir so gern helfen. Es tut sehr weh. Aber wenn ich arbeite, immer nur arbeite, bis ich zu müde bin, um unzufrieden zu sein, dann sage ich, dann höre ich: So ist es gut. Liebes, ich habe dein Heft gelesen, es hat mich entsetzlich gequält (obwohl ich mich darüber gefreut habe).

Es ist schlimm. Und wenn ich dich tröste, fürchte ich, du könntest sagen: Er versteht meine Schwierigkeiten nicht. Aber wenn man es im größeren Zusammenhang betrachtet, ist es sicher gut. Alles ist gut, und gewiss können der Kampf und der Schmerz der Verwundung dich stärker machen. Ach Liebes, du sollst doch wissen, dass ich verstehe, ein wenig zumindest, wie schrecklich schwer du es hast. Halte durch. Nicht so, aber am goldenen Band entlang kommen wir zueinander. Dann ist da deine Hand, die ich mit meiner Hand festhalten kann.

Kees

[Zwei nummerierte, beidseitig mit Tinte beschriebene Blätter. Brief
von Kees van den Berg an Helga Deen. Der Umschlag weist einen
Poststempel auf: Tilburg, 20. Juli 1943, einen weiteren, unleserlichen
Poststempel sowie einen Stempel, aus dem hervorgeht, dass der Brief
unzustellbar war. Außerdem zeigt der Umschlag handschriftliche Hinweise: «vertrokken» und «niet in 58» (deutsch: verzogen und nicht in
58). Der Brief ist adressiert an: «Helga Deen, geb. 6-4-'25, Barak (Baracke)
58, Lager Westerbork, Drente». Dieser Text wurde durchgestrichen,
darunter: «Tilburg». Auf der Rückseite des Umschlags steht die Adresse:
«C. vd Berg, J. P. Coenstr. 64, Tilburg». Darunter der Vermerk: «Maan-
dag, 2 Aug. teruggekregen.» (Montag, 2. August, zurückerhalten.)]]

Montag, 19. Juli [1943].

Irin

Ich bin glücklich. Zwei Tage habe ich an Klatschmohn und
Margeriten gearbeitet, um die starke Spannung in einen Traum
von Glück aufzulösen, die Spannung, meine ich, zwischen der
nass-lackroten Ansicht von Klatschmohn und der ruhigen, fri-
schen Weiße der Margeriten. Das hat mir eine große Ruhe gegeben, weil ich weiß, es wird etwas. Und jetzt geht's mir ganz
merkwürdig. Kein Verlangen, kein Drängen. Alles ist gut.
Ich wollte, dir könnte es auch so gehen, wenigstens kurz, wenn
es möglich wäre.
Der Abendhimmel glüht noch über den Dächern, durch spätes,
grünes Glas. Wie grüner Dämmer, der durch uralte Katakom-
ben irrt. Wie das fromme Tasten keuscher Hände, wie das reine,
klare Aufsteigen eines alten Lobgesangs. Die Nacht hat einen
ersten Stern entsandt, der uns mit scheuem Beben verspricht,
wie sanft wir ruhen werden, gleich, unter dem ewigen Sternen-
gewimmel. Es ist der kostbare Augenblick zwischen Traum
und Wirklichkeit. Das Abendgrün wird bleicher und trüber,
die Nacht breitet ihre gütigen Schwingen aus, und die Erde

lässt im aufsteigenden Blumenduft ihre Seele wie träumend weiden. Zart, zerbrechlich wie eine gläserne Perlenschnur ist das Lied der Grillen. Und in den hohen Bäumen, die mit ihren Wipfeln sich in der dunkeln Nacht verlieren, säuseln dann und wann die Blätter. Manchmal scheint es dann, als würde die Nacht seufzen, doch nein, es ist ein Summen, halb Flüstern, das manchmal zum vollen Ton anschwillt. Unsichtbar, unhörbar, nur gewusst, ist die Dunkelheit mit reichlich Leben und Bewegung erfüllt. Ich weiß um die flatternde Fledermaus, einen verirrten Nachtfalter dann und wann, und um Irin, mir so nah jetzt, wie schlafend, doch leise tönt ihr Summen durch das Schweigen der Nacht. Und nun, da es ringsum dunkler wird, erstrahlt das warme Licht der Lampe und malt einen gelben Teich auf den Tisch. Alles sammelt sich über diesem Licht, und mir ist, als ob tief in meinem Innern auch eine Lampe sei, unter der alles beruhigt einkehrt. Ach, so innig geliebt von mir und von ihr ist dies gütige, goldene Licht, groß und alles umfassend, über das die Nacht mit ihren vielen unsichtbaren Wesen sich wölbt. Da kam ein tanzender Nachtfalter, wie der dunklen Unbewusstheit des Weltalls entschlüpft, umschwirrt er mit raschem Flügelschlag die Lampe. Kurz ruht er. Träumt er von einer großen gelben Blume? Doch er wundert sich wohl nur über die zärtliche Innigkeit, die er hier unten erblickt. Flüchtig lässt er sich darum nieder.

Schon ist er wieder entschwirrt, tanzend in der dunklen Unbewusstheit des Weltalls. Musste es so sein? War es für ihn eine Erlösung aus allzu konzentrierter Innigkeit? Ich glaube, dass dies Ausruhen bei der Lampe, warm und gelb wie eine Sonnenblume, nichts anderes war als eine Figur aus seinem Tanz, der weitere und breitere Räume erfordert als nur diesen gelben Flecken. Vielleicht ist unser Leben auch nichts anderes als eine kleine Figur, eine kleine Gestalt im großen, ewigen Tanz des Weltalls. Doch es ist gut, sich auszuruhen, so wie jetzt, alles ganz in sich zu wissen, nur ganz kurz. Wenn das Licht gleich erlischt, ist alles außerhalb von mir, werde ich vom Wissenden zum Gewussten, dann ist nur das große Alles, dem wir angehören. Bleib darum noch ein wenig so bei mir, es muss nicht für lange sein. Hier, meine Hand, im gelben Schein der Lampe ist sie wie ein fremdes Wesen, unabhängig von mir tastet es sich am goldenen Band entlang zu einem anderen, leuchtenden Leben. Wie nah mir jetzt alles ist in dem engen Kreis, den das Lichtlein um mich schlägt. Es dauert nicht. Gleich stellt sich wieder die Sehnsucht ein, gleich gibt es wieder Zeit und Hunger und drängendes Verlangen. Oh, das weiche Kissen dieser Innigkeit, auf dem mein Kopf, meine Hände, mein ganzes Wesen bei dir ruhen darf. Fremd sind wir, Wesen unter der Lampe, die in der Trennung von Licht und Dunkel leben. Tiefgolden ihr Haar, bleich ihr Gesicht. Unter dieser Lampe. Nun weiß ich, warum ich den Falter einen Augenblick sehr heftig, sehr still geliebt habe. Der Abend ist fort.

Doch bin ich nicht allein.

Und die Nacht wird uns nicht trennen.

Bis irgendwann.

Grüße Vater, Mutter, Klaus, auch von Gerard und Hanneke.

Kees.

[Beidseitig mit Tinte beschriebenes Blatt, die Rectoseite ist nummeriert. Brief von Hanneke Gerritsen an Kees van den Berg. In diesem wird ein weiterer Brief (hier S. 81–88) angekündigt, in dem sich Hanneke Gerritsen fiktiv an Helga Deen wendet und über gemeinsame Kindheits- und Jugenderinnerungen schreibt. Der Umschlag weist einen Poststempel auf: Amersfoort, 19. August 1943, und ist an «Herrn C. van den Berg, p/a Herrn G. van Kalmthout, Gerard van Swietenstr. 79, Tilburg», adressiert. Auf der Rückseite steht, in der Handschrift von Hanneke Gerritsen, die Adresse Soembastr. 15, Amersfoort. Darunter, in der Handschrift von Kees van den Berg, das Datum Freitag, 20. August, offenbar das Empfangsdatum.]

[Donnerstag] 19/8 '43. Amersfoort.

Lieber Kees

Es wird dich vielleicht freuen, etwas über unsere Helleke zu hören, von dem, was wir zusammen erlebt haben, und wie sie war. In der Eile, weil ich wollte, dass du es ohne große Verzögerung bekommst, ist manches aus meiner Feder geflossen, mit dem du womöglich nicht so viel anfangen kannst. Aber wenn ich über Helga schreibe, mischen sich natürlich von selbst eigene Gedanken hinein. Es ist nicht alles unbedingt glücklich geraten, trotzdem hoffe ich, dass du es am Ende doch der Mühe wert finden wirst. Du kennst sie mittlerweile auch gut genug, um dir das Fehlende dazuzudenken, nicht? Ich habe so getan, als würde ich ihr schreiben, das ging mir am leichtesten von der Hand. Wenn du es behältst, kann sie es später selbst lesen. So müssen wir schließlich denken. Ich denke viel an sie und an die ganze Familie, träume oft von ihnen. Etwas Besseres können wir auch nicht tun, als uns an die schönen Tage zu erinnern, die wir mit ihr erlebt haben. Entschuldige, Kees, ich kann dich nicht trösten, das Recht dazu wirst du mir auch nicht zugestehen, denn ich habe eigentlich noch alles. Das Einzige, was ich tun konnte, habe ich hier versucht. Sehr zufrieden bin ich selbst nicht damit, aber es ist abgeschlossen, und ich schicke es dir.

Dir alles Gute; arbeitest du noch? Ich bin gespannt auf neue Stücke von dir, fürchte aber, dass ich nicht bald Gelegenheit haben werde, dich zu besuchen oder dir auch nur zufällig zu begegnen, denn in Tilburg werde ich mich vorläufig nur ausnahmsweise sehen lassen können, leider. Darüber hörst du sicher etwas von Gérard.

Einen herzlichen Händedruck von

Hanneke

PS: Es schien mir klüger, diesen nicht zu dir nach Hause zu schicken, sondern an Gérards Adresse; ihr seht euch doch täglich?

Grüß ihn von mir!

[Vier nummerierte Blätter, beidseitig mit Tinte beschrieben. Brief von Hanneke Gerritsen, fiktiv an Helga Deen gerichtet. Dieser Brief wird in einem Brief an Kees van den Berg (19. August 1943, hier S. 80) angekündigt und war diesem offenbar beigelegt.]

[Mittwoch] 18/8 '43.

Helleke, du bist mittlerweile fast drei Monate fort, und da ich nichts von mir habe hören lassen, solange es noch ging, habe ich mir große Vorwürfe gemacht.[121] Ich war so lax, ich dachte, es hätte ja doch keinen Sinn, aber als ich dann doch schließlich schrieb, kamen die Briefe als unzustellbar zurück. Von Kees hast du aber zum Glück Briefe bekommen, und die haben dir sicher die trotz allem frohen Tage nahegebracht – diese warmen Frühlingsmonate, als du glücklich warst. Und ich war froh, weil du wieder aufgeblüht bist nach den Monaten rastloser Langeweile im Winter an der Schule, wo es weniger angenehm wurde. Du konntest dann mit so einem spitzen Näschen im Korbstuhl liegen und etwas lustlos erzählen und am Ende ganz weinerlich und mutlos an meiner Schulter lehnen, während ich dachte, wie schwierig es doch sei, dich zu trösten, ausgerechnet ich, der es so gutging mit Gérard und die ich meine relative Freiheit genießen und Spaziergänge durch unser gutes Oisterwijk machen konnte. Daran lag dir doch auch immer viel. Unsere Spaziergänge, Helle, was haben wir die genossen. Den letzten, im April '42, kurz bevor dieses elende Getue mit den Sternen[122] aufkam; als wir zum Stenen Heul[123] und zum Belvertsven[124] gegangen sind, uns dort in einen Fischerkahn setzten, und die Birken waren helle Lichter, zerbrechlich vor dem dunklen Tannenhintergrund. So süß war das, und es duftete, und dann hörten wir zum ersten Mal im Jahr den Kuckuck rufen – wir saßen an der Rosep[125], genau an der Stelle, wo vor der kleinen Holzbrücke der Heiloop[126] «murmelnd», munter und endlos fortplappernd, hineinmündet. Du warst erst vor kurzem siebzehn geworden, und ein Mädchen, das nach seinem siebzehnten Geburtstag zum ersten Mal den Kuckuck rufen hört, muss seine Rufe zählen, dann weiß es, wie viele Jahre es noch bis zur Hochzeit sind. Und er rief sieben Mal, also wärst du vierundzwanzig gewesen. Weißt du noch? Über uns schlug der Zilpzalp das Becken, und um uns herum hörten wir Fitisse singen. Damals dachtest du noch an Huib, für in sieben Jahren ... Als wir später am Weiher saßen und uns nicht sattsehen konnten an der ganzen Frühlingsherrlichkeit, stand auf der gegenüberliegenden Seite im Schilf ein regungsloser Reiher; wir sahen noch, wie er aufstieg und mit seinem trägen, schweren Flügelschlag davonflog. Die graublauen schweren Wolken, die Sonne, die noch auf den Wipfeln der Bäume lag, das weite Wasser ... wir saßen die ganze Zeit still nebeneinander, bis ich schließlich seufzte: «Helle!», und du antwortetest, genauso still, deine Augen noch genauso gebannt auf dem[127] Wasser und der Spiegelung vor uns: «Hanne» … Was konnten wir genießen.

Und unsere Spaziergänge im Frühherbst, das Pilzesuchen, und dann immer die gleiche Leier: bei dir zu Hause anrufen und anfragen, ob du zum Essen oder zum Schlafen bleiben durftest. Und wie wir eine ganze Nacht durchgeredet haben und morgens endlich eingeschlafen waren, und du musstest um acht schon wieder fort, weil du in die Schule musstest. Was hatten wir für einen Spaß damals. Und diese Abendspaziergänge über den Gemullehoekenweg[128], als wir im Mondschein die «Hora»[129] tanzten und die Hatikwah[130] pfiffen. Bis vor ungefähr fünf Jahren konnte ich dich noch gar nicht leiden, obwohl wir uns schon kannten und ich sogar mittags immer bei dir Kaffee getrunken habe, mit Huipie und Ursie, der kleinen Oisterwijker Clique, die zur gleichen Zeit die Aufnahmeprüfung gemacht hatte. Und ich rannte immer mit dir mit, und ich schwieg. Du fandest mich eingebildet, und obwohl du gern mehr Nähe gehabt hättest, konntest du mich nicht ausstehen. Und ich fand dich übertrieben und kindisch und zog mich zurück, auch aus Stolz, weil es mir nicht gelang, mit Mädchen Freundschaft zu schließen, zu denen ich aus dem einen oder anderen Grund aufsehen konnte. Zum Glück bin ich mit der Zeit klüger geworden. Die Vorlesenachmittage bei euch, wenn du entweder auf meinem Schoß oder auf deinem Lieblingsplatz am Boden gesessen bist, Rücken und Kopf an meine Knie gelehnt, und die Nähe, die sich durch das gemeinsam Gehörte und Verarbeitete von selbst einstellte, die häusliche Atmosphäre, die bei euch immer herrschte, und die Minuten, wenn du mich an dunklen Winternachmittagen zum Bus gebracht hast; du hast mich endgültig erobert, Helleke. Ich empfand die Herzlichkeit bei euch als wohltuend und lernte dich erst damals schätzen. Umso mehr, als der Krieg ausbrach und ich von der H.B.S.[131] abging. Es war in diesem Herbst, als du häufig bei uns spazieren gegangen bist; damals spürte ich zum ersten Mal, was ich an dir persönlich hatte, als Freundin. Auch als ich meine ersten Liebeserfahrungen machte, und mit dem läppischen, ekelhaften Ersatz dafür, was noch vorausging; du hast mich so gut verstanden und immer wunderbar den Nagel auf den Kopf getroffen. Das war im Herbst '41, du kamst jede Woche zu mir zu Besuch, und es war jedes Mal schön. Du konntest geduldig zuhören und hast intuitiv immer genau die Dinge gesagt, auf die es ankam und die mir halfen, mich und meine Situation klarer zu sehen. Ich erzählte dir alles und erklärte dir alles, und auf die Weise war es, wie du mal sagtest, als ob du solche Dinge selbst schon erlebt hättest und als würden sie für dich nicht mehr fremd und neu sein, wenn du einmal an der Reihe wärst. Ich sah deinen ersten Liebestaten ja etwas ängstlich und gespannt entgegen. Ich wünschte dir kein Entree, wie ich es hatte, die ganze Misere, meine Probleme. Übrigens war ich immer sicher, dass du es reiner erleben würdest.

Als Gérard «in mein Leben trat», brach ein ganz neues Zeitalter an, und von da an fühlte ich mich auch besser und sicherer. Mit meiner Sucht nach Abenteuern war es ebenfalls vorbei. Jetzt war Platz für das Große, Endgültige. Du Arme musst dich oft vernachlässigt gefühlt haben. Und ich selbst wünschte mir auch sehnlich einen guten Freund für dich, was dafür gesorgt hätte, dass die Freundschaft zwischen uns wieder enger geworden wäre. Denn so musste ich mich aufteilen, während du außer mir niemanden hattest, zumindest die meiste Zeit. Appie[132] war zu jung, das war dir auch klar. Aber wenn es so ausgesehen hat, als ob ich niemanden außer Gérard brauchte, hätte ich dich trotzdem für kein Geld der Welt missen wollen, denn ich war allein schon in dem Wissen, eine gute Freundin zu haben, die mir und der ich ebenfalls etwas bedeutete, vollkommen zufrieden. Im Moment gibt es für mich keinen Zugang zu dir, etwas anderes will ich mir gar nicht vorstellen, aber du bist trotzdem noch die, die du immer für mich warst – mit deinen blauen Augen, du sanfte, sensible, vernünftige Helle. Und die verliere ich jedenfalls nie. Das wäre nur gegangen, wenn wir uns mit den Jahren fremd geworden wären.

Ich habe in meinem Tagebuch oft über dich geschrieben, und wenn du die Unvollständigkeit meiner Einträge bedenkst, kannst du dir vorstellen, wie viel ich mit dir beschäftigt war. Vor zwei Jahren, im August, waren wir noch zusammen in Utrecht. Wir stiegen mühsam auf den Domturm, es war regnerisch, und deine Haare flogen im Wind. Die Straßen glitzerten wie Grachten, und an der einen Seite sahen wir es regnen und an der anderen Seite der Stadt die strahlende Sonne. Hast du nicht deine Windjacke getragen und einen augenblauen Schal um den Hals? Wir waren ausgelassener Stimmung und mussten noch Monate später und erst vor kurzem wieder über den «Coupe mit Früchten» lachen, den wir uns bei Vroom en Dreesmann[133] großzügig geleistet hatten und der sich als Pappschnee mit Beeren und Dörrpflaumen herausstellte! Ich kann das nicht schreiben, ohne dass das gleiche hilflose Gelächter in mir aufsteigt, das uns später jedes Mal gepackt hat, wenn wir die Geschichte – aus Anlass eines anderen «Zeichens der Zeit» – zum Besten gegeben haben, als ein Symbol für die vielen Enttäuschungen, die uns der Krieg bereitet hat. Aber der Abend in Utrecht! Wie wir durch stille, dorfähnliche Viertel liefen, uns Brocken phantastischen Spekulatius in den Mund schoben, den wir in dem versteckten, altmodischen Lädchen gekauft hatten, und von Zeit zu Zeit wurden Blicke getauscht, vergnügt und übermütig. Ich glaube, das war überhaupt das Beste an diesem verrückten Tag. Auf dem Weg hast du mir den Inhalt von «Vom Winde verweht» erzählt, das eigentlich «Gone with the wind»[134] heißt. Du warst voller Anteilnahme für Melanie[135] und Ashley[136], aber deine Augen blitzten auch bei der Beschreibung von Scarlett[137] und Rhett Butler[138], so bunt, seltsam und prall voll Leben war die Geschichte.

Helga, diese letzten Wochen vor unserer Trennung – waren sie nicht schön? Du hast es mir ja gesagt, am letzten Tag, als wir durch den Garten liefen und du abwechselnd Kees und Gérard getröstet und gestreichelt hast – und deine Augen mich beim Abschied anstrahlten: «Ich bin jetzt wirklich glücklich, Hanneke!» Es war dir ernst, das sah ich. Vielleicht hätte ich mich an deiner Stelle auch so gefühlt. Damals hat es mir die Kehle zugeschnürt.

Wie du an einem dieser Mai-Nachmittage mit K…, oder nein, Steven, über die Heide gerannt kamst, wie zwei verspielte junge Hunde. Ich musste dich oft ansehen, immerzu, und dabei allerlei ängstliche Gedanken unterdrücken. Gott sei Dank durftest du Freundschaft und Liebe erfahren, das wiegt alles auf. Aber ich will nicht zu ernst werden und lieber Erinnerungen an unsere gemeinsame Zeit auskramen. Was haben wir für verrückte Sachen erlebt. Ehe die Geschichte mit den Sternen anfing, hast du dich mit unseren einquartierten Mädchen angelegt, manche davon kanntest du schon und hast meine Abneigungen treu geteilt. Einmal hatten wir uns oben wie Idioten mit Wasserfarben geschminkt, als eine der jungen Damen uns etwas fragen kam. Sie war hingerissen und fing gleich über die «Bühne»[139] an zu reden. Es war dieselbe, die dich einmal mit deinen Eltern auf dem Bosscheweg[140] so freundlich gegrüßt hatte, darüber haben wir uns diebisch amüsiert. «Wenn die wüsste …»

Wie schade, dass du mit Kees nie (es tut mir leid, ich glaub's ja) in die Udenhouter oder Drunenser Dünen[141] gehen konntest. Mit den Samsons[142] und den Hamburgers[143] hatten wir dort einen wundervollen Tag: Aber das lag weniger an ihrer Gesellschaft, obwohl sie reizend waren, als am Wetter! Die dunklen, bleischwarzen Wolken über den weißen Dünen und den flatternden Birken! Jeder neue Anblick war überwältigend schön.

Mein letzter Geburtstag, bei dem du dabei warst, weißt du noch, die vielen leckeren Sachen und die stibitzten Bonbons, wo du beim Reinkommen eines unserer Mädchen einen Teller drüberhalten solltest und vor Lachen fast geplatzt bist? Was haben wir nicht alles zusammen erlebt! Pingpong im Spielzimmer und Plätzchen essen, bis wir Gewissensbisse davon kriegten. Am Schluss lagst du zusammengerollt auf einem Kanapee, und so hab ich dich gezeichnet: «Ein Häuflein Mensch».

Helleke, ich muss mir unseren Briefwechsel demnächst genauer durchlesen. Bisher hat nur Gérard den Nutzen gehabt, zumindest von meinen Briefen an dich. Ich will sie einmal alle zusammenstellen, in der Reihenfolge der Antworten. Wie konntest du nur immer so vernünftig reagieren, wo du selbst – im Umgang mit den Dingen, um die sich unsere Gespräche drehten – gar keine Erfahrung hattest? Du hast gleich herausgefühlt, was in anderen vorging, das habe ich schon immer an dir bewundert. Dich mochten auch immer nur Leute, die der Mühe wert waren, keine kurzsichtigen oder dreisten oder Trottel. Flirts gab es bei dir nicht, weil du nicht kokett warst. Du hattest zwar gerade angefangen, es ein klein wenig zu werden, warst aber noch im ersten Stadium, sodass nur Eingeweihte etwas merken konnten. Es passt aber nicht zu dir. Und es stimmt, am sichersten ist es, so zu sein wie du. Was nicht heißen soll, dass Koketterie immer eine Pose ist. Mir ist sie, zum Glück in keinem zu großen Umfang, angeboren. Trotzdem ist es besser, wenn man in dieser Hinsicht ist wie du. Ich kann es nicht besser erklären, aber ich empfinde es so.

Oh, und noch eine Sache, eine wichtige Sache in unserer Umgebung: Märchen, Hexen! Was hast du dich immer gegruselt, wenn ich wie die grausame, schöne Königin aus Schneewittchen schaute, mit ihren stolzen, grausamen Augen und dem harten Mund. Aber vor allem hast du dich vor meinen Augen gefürchtet. Noch vor ein paar Jahren hast du mich immer wieder darum gebeten. Und ich trug für dich Eichendorff vor: «Es ist schon spät, es wird schon kalt ...»[144] und «Dämmrung will die Flügel spreiten».[145] In Oisterwijk gab es einen Ort, den wir den Hexentanzplatz nannten. Das hereinbrechende Grauen, als wir, einmal abgesehen von der Grube für die Kinderleichen am Rand des dichten, niedrigen Tannenwäldchens, mitten auf der kahlen Lichtung einen alten Baumstumpf fanden, in den ... ein großer eiserner Ring eingelassen war! Ich erzählte dir, ich sei eigentlich eine Hexe, die nachts mit wehendem Haar aus dem Fenster flog, um mich mit meinen Artgenossinnen zu treffen, auf einer anderen, von sumpfigem Heideland umgebenen Lichtung, wo die ungefährlicheren Hexen, die eher Waldfrauen waren, zusammenkamen und in Nebelschleiern tanzten, mit ihren langsamen, bizarren, schlurfenden Tanzschritten und Gebärden und seltsamen Zeremonien. Und wie begierig du meine Phantasien verschlungen hast, und wie bereitwillig du dich überzeugen ließest, dass ich doch durchaus so eine Waldhexe sein konnte. Ich steckte selbst so in meiner Geschichte, weil mir dergleichen Gedanken öfter gekommen waren, wenn ich auf die dunklen Umrisse meines Fichtenwäldchens schaute und eine Hexe – mit hohem Spitzhut und Katze auf der Schulter – auf einem Baumstamm am Reisigfeuer sitzen sah, worüber sie den Kessel für ihre zwielichtigen Gebräue gehängt hatte.

Wie herrlich das war. Und als lieblicheres Gegenstück gab es den kleinen Weiher bei Groot Speijck[146], wo im Mondschein Elfen über den weißen Ranunkeln schweben mussten, die zwischen den Farngräsern wohnten, während im Gehölz, unter moosüberwachsenen Eichenstrünken, Zwerge hausten. Glaub mir, Helleke, dem entwächst man nicht so bald. Solche Eindrücke vergehen nie. Und später, wenn wir diese vertrauten Orte wieder besuchen werden, sind wir wieder sechzehn.

Bis dann, mein Mädchen[147]!

[Zwei nummerierte, beidseitig mit Tinte beschriebene Blätter. Brief von Kees van den Berg an Hanneke Gerritsen. Nicht datiert. Antwort auf einen Brief von Hanneke Gerritsen vom 18. und 19. August 1943.]

Freitag

Hanneke,

oh, wie hast du mich glücklich gemacht mit deinem Brief. Ich sah sie vor mir, wie sie hingestreckt auf dem langen Korbstuhl liegen konnte, müde, blass, als ich sie gerade erst kennengelernt hatte. Ach, und dieses liebe, liebe Häuflein Mensch, das irgendwo eingeringelt auf einem Sofa oder Bett liegen und schlafen konnte. Du hast mich nicht gehört, glaube ich – nein, das war wahre Hilfe, doch, doch, du hast mir geholfen. Oh, ich bin glücklich jetzt, und ich weiß jetzt, dass es mehr nicht braucht, als glücklich zu sein, so glücklich, wie ihr wart, durch all das Schöne, das ihr zusammen erlebt habt.

Gott, ist es nicht das Wunderbarste, das Allerhöchste: die Harmonie zwischen den mächtigen Wolken und den winzigen Menschen darunter zu spüren, sich ganz eins zu fühlen mit der reichen, lebendigen Fülle ringsum? Ja, so muss es gewesen sein, damals, als die Sonne über Utrecht ihre Lichtpfützen verschüttet hat: hier gleißendes, glitschiges Licht und dort wieder dunkle, nasse, graue Töne. Und in den Dünen, wie schön du das beschrieben hast. O ja, ich freue mich, dass es bei euch auch so war, dass Helga das auch schon so wusste, schon bevor ich sie kannte.

Ja, was du geschrieben hast, war alles genau, wie ich sie kenne. Ach, du weißt gar nicht, wie es mich freut zu wissen, jetzt wirklich zu wissen, dass sie einem anderen Menschen auch viel bedeutet hat, dass ihr einander so viel Schönes geben konntet.

Ja, dass es noch jemand anderen gibt, vor dem sie auch ihr Hexengesicht ziehen konnte.[148] Dieses liebe, liebe Hexengesicht: ach. Also, und natürlich: Es muss möglich sein, sich im Erleben all dessen, was schön und reizend ist, vollkommen glücklich zu fühlen. Ach, ich weiß auch, dass es für uns, verfluchte Nörgler, zuweilen andere Formen von Glück geben muss. Wir machen es uns (nein, mit wir meine ich Gerard und mich) oft schwer, wir «kämpfen und suchen», du kennst das ja. Ich weiß nicht. Aber ich glaube, dass man, wenn man wirklich[149] etwas geben will, dass man dann auch wirklich ganz glücklich sein muss, ganz erfüllt. Es wäre besser, wir würden diesen Kampf nicht in uns selbst austragen, sondern voller Begeisterung mit Wind und Wolken mitkämpfen, und könnten dabei die Macht des Sturmes genießen, ich meine, wirklich genießen, erfüllt, o Gott, ich will, dass es mich ganz durchdringt, der Regen und die Sonne und das Wachsen und Vergehen und das Gegen-den-Wind-Rennen, wie damals mit Helga, als ihr Haar von unzähligen Regentröpfchen silbern besprenkelt war, ach was: klatschnass war es, triefend nass von dem fetten Mairegen, in dem wir einmal beim Spazierengehen gelandet waren. Wir brauchen viel, sehr viel Berührung. Nicht nach innen, sondern außerhalb von uns, hoch oben mit den Sternen oder tief, sehr tief unter der Erde. Erste Frau, Eva, reich und erfüllt.

Hanneke, du hast mir geholfen. Ich will die Erde wieder riechen, spüren, wie die Sonne meine Hände kitzelt und meine Fußsohlen. Den Druck des Windes spüren, wenn er mir in die Lenden fährt. Gott, war's nicht auch so bei euch, nur vielleicht «lieber», stiller,[150] weiblicher erlebt.

Sag Gerard, dass er sich zuerst (das gilt auch für mich) auf den Rücken legen und dann so lange liegen bleiben muss, bis er das Dröhnen der Erde bis hoch zu den Sternen fühlt. Ach, wenn ich einmal immerzu glücklich sein könnte. Immerzu erfüllt sein. Von einer Frohheit, die wie die Sonne leuchtet, oder notfalls die ganze Wollust eines grausamen Schmerzes oder eines heftigen, brennenden Verlangens ausschlürfen. O Hanneke, ich weiß nicht, es ist, als sei ein Wunder geschehen. Ich lebe wieder. Ich fühle wieder. Die letzten Wochen waren zäh wie ranziges Kriegsbrot. Das hier ist nur ein Anfang. Mit beiden Armen werde ich den ganzen Reichtum dieses wachsenden, sich verändernden Lebens, von den fetten, weißglänzenden Wolken bis zur regendurchnässten Erde, zusammenraffen. Bündeln alle Freuden. Denn ach, genauso hoch muss man nach den Sternen greifen. Es ist eine schneidende, aufsteigende Freude. Daneben gibt es auch die süße, runde Freude, die Wiesenmargeriten schenken, und das dunkle, dunkle Moos. Oh, ich will alles. Ich will, dass die Fülle mich durchdringt, und in ihr arbeiten. Meine Bilder sollen aus anhaltendem Staunen über alles, was immer neu ist, hervorgehen. Einst werden wir wieder zusammen über eine hohe Brücke gehen, hart gegen den Wind, mit einem schlagenden Geräusch wie von zwei sommerblauen Fahnen.

Verzeih mir, Hanneke, dass ich so ungestüm und unbeherrscht war. Ich muss dir nichts sagen, weder von Helga noch von mir selbst. Aber ich bin so froh. Ich musste dir all dies schreiben, aber ach, eigentlich wollte ich dir nur sagen, wie ich mich freue, dass ich mein Glück wiedergefunden habe. Von heute an werde ich nur noch arbeiten und genießen. O du, meine arme, liebste Helleke, ach, dass du nicht auf den freundlichen, knorrigen Bäumen hier in unserer Nachbarschaft[151] schlafen kannst. Aber du kommst zurück, denn du musst vollkommen glücklich werden. Nein, du musst jetzt, und sei es nur ab und zu, glücklich sein können, in deinem Verlangen nach Glück.

Und ich werde WIEDER ARBEITEN.

ARBEITEN ARBEITEN.

So schwer es auch wird.

Oh, ich brauche dich so.

[Einseitig mit Tinte beschriebenes Blatt. Brief von Kees van den Berg an Hanneke Gerritsen. Nicht datiert. Antwort auf einen Brief von Hanneke Gerritsen vom 18. und 19. August 1943.]

Hanneke.

Ich habe schon viel geschrieben heute Abend. An Helga. Ich muss dir aber wenigstens kurz meine Dankbarkeit ausdrücken, nein, ich muss nicht, ich kann gar nicht anders, als es gerne tun, weil du mich wirklich froh gemacht hast mit deinem Brief. Später wirst du (wenn Helga wieder hier ist) in meinem Tagebuch auch lesen, wie froh du mich gemacht hast. Aber ach, es ist sicher das Beste, wenn ich dir meine lyrischen Herzensergüsse vorläufig erspare.

Doch nicht allein froh hast du mich gemacht. Nein, du hast mir auch geholfen. Aus echter Erfülltheit (wie man so sagt) hast du dich mitgeteilt. Es war alles so echt, mit dem Hexengesicht und dem eingeringelten Häuflein Mensch und dem knabbernden[152] Abendspaziergang durch dunkle Gassen. Von jetzt an sehe ich zu, dass ich immer so froh bin, wie du mich gemacht hast.

Danke![153]

[Mit Tinte auf ein loses Blatt geschriebene Notiz von Kees van den Berg für Helga Deen. Nicht datiert.]

Freitag.

Liebes.

Du bist sehr weit weg. Undeutlich, im Hintergrund meines Wesens, lebst du fort. Ich werde arbeiten. Du kommst zurück. Und gemeinsam werden wir schwimmen, unter den Sternen. Und der Mond kommt wie ein Wunder. Kommen vom Mond. So wirst auch du einst kommen. Und ich werde Blumen pflücken und sie am Himmel ausstreuen, und sie werden wieder herabschneien, sich auf dein Haar legen, unter dem Mond, als die zarteste Kirschblüte.

Dann will ich dich zwei Stunden lang auf den Armen tragen, dich an die Brust drücken und mit dir weit, weit über die herbstfeuchten Blätter laufen, über gelbe und rote Wege bis irgendwo, wo die Sonne von fernem, durchsichtigem Blau verschluckt wird, rote, rote Sonne. Ach, wie werde ich dann vor Liebe weinen. Aber du, ja, du wirst bei mir sein. Ach, an meinen Lippen, in deinen Augen. Unter der maßlos sinkenden Sonne. Du mein Du.
Sssst. Du

NACHWORT

HELGA DEEN 1925–1943

Eine Lebensgeschichte von achtzehn Jahren, drei Monaten und
sieben Tagen

Elternhaus und Familie

Käthe Deen-Wolff, Helga Deens Mutter, trug zu ihrer Hochzeit im Jahr 1922 einen eisernen Ehering mit dem eingravierten
Schriftzug «Gold gab ich für Eisen».[154] Sie war schon einmal ver-
heiratet gewesen, mit einem Herrn Souchon, der gegen Ende
des Ersten Weltkriegs an der berüchtigten Spanischen Grippe
verstorben war.[155] Wie viele andere patriotisch gesinnte Deutsche war sie während des Krieges dem Aufruf gefolgt, ihren
goldenen Ehering gegen Eisen einzutauschen, um der Kriegs-
industrie unter die Arme zu greifen. Vermutlich werteten
Käthe und ihre Familie – so wie die meisten Juden dieser Zeit,
die sich als Söhne und Töchter des deutschen Kaiserreichs fühlten – den Antisemitismus in Deutschland als zwar irritierende,
aber zu vernachlässigende Erscheinung.
Käthe Wolff war am 20. Mai 1894 in Nürnberg geboren worden. Ihre Eltern waren Maria Greiffenhagen und der Apotheker
Dr. Willy Wolff. Ursprünglich stammte die Familie Wolff aus
Bernburg, einem kleinen Beamtenstädtchen an der Saale, hier
hatte sich Käthes Großvater vom Kaufmann und Miteigentü-
mer einer Weberei zum Bankier hochgearbeitet.[156] Es ist anzunehmen, dass Käthe in einem wohlhabenden, intellektuell
aufgeschlossenen und liberalen Umfeld aufwuchs. Nach dem
Besuch des Gymnasiums studierte sie an der Friedrich-Wil-
helms-Universität zu Berlin (heute Humboldt-Universität)
Medizin, was für diese Zeit ungewöhnlich war. Sie gehörte
vermutlich zu den ersten Frauen, die sich für ein Studium an

dieser Fakultät einschrieben. 1922 wurde sie als Ärztin appro-
biert; ein Jahr danach reichte sie ihre Doktorarbeit ein, die sie
auf der Grundlage einer Untersuchung über Fehlgeburten und
Abtreibungspraktiken in Berlin in den Jahren zwischen 1914
und 1921 abgefasst hatte.[157] Im letzten Abschnitt ihrer Disserta-
tion spricht sie sich für eine liberale Abtreibungsgesetzgebung
aus und plädiert zugleich für die gesetzliche Verankerung sozia-
ler Fördermaßnahmen, die es erleichtern sollen, Kinder in die
Welt zu setzen. Für die damalige Zeit erscheinen Käthe Wolffs
Ansichten zukunftsweisend; nicht maßgeblich war für sie die
Ablehnung des Schwangerschaftsabbruchs innerhalb der jüdischen Kultur.

Die Verheiratung mit ihrem Cousin Willy Deen fiel in die Zeit
ihrer Arbeit an der Promotion. Die Hochzeit fand am 9. September 1922 in Hessisch Lichtenau, dem Wohnort der Eltern, statt;
Käthes Vater war dort Gründungsdirektor der Schwerweberei
Fröhlich & Wolff. Seine Schwester, Gertrude Wolff, hatte 1890
den aus dem niederländischen Tilburg stammenden Abraham
Deen geheiratet und war zu ihm gezogen.[158] In Tilburg wurde
am 3. März 1891 der erste Sohn geboren, der den Namen Willy bekam. Abraham Deen war wiederum der Sohn von Mozes
Deen und Dina Wolff. Kurz, die Familien Deen und Wolff ver-
banden seit Jahrzehnten enge Verwandtschaftsbeziehungen.
Die Deens waren in der zweiten Hälfte des 19. Jahrhunderts in
der Textilstadt Tilburg (mit ca. 35 000 Einwohnern) als liberale
und wohlhabende Familie angesehen. Willy Deens Großvater
Mozes betätigte sich zunächst als Baumwollfabrikant, dann als
Wollhändler. Abraham Deen, Willys Vater, war als Kaufmann
und später als Seifenfabrikant eingetragen. Es scheint aber,
dass die Familie einen wirtschaftlichen Niedergang erlebte.[159]
Über Willy Deens Jugend ist wenig bekannt. Vermutlich besuchte er wie sein Vater die staatliche Rijks-HBS Koning Willem II in Tilburg[160] und absolvierte anschließend eine Ausbil-

dung zum Chemiker. In seiner ersten Anstellung war er Prüfer. Von seiner Herkunft gehörte er ehemals zur wirtschaftlichen Elite, als Prüfer zählte er eher zum Mittelstand.

Käthe, eine höhere Tochter mit der beruflichen Perspektive einer Ärztin, kann im Rückblick also als «gute Partie» für Willy Deen gelten. Damit sie ihre Promotion in Ruhe beenden kann, zieht das Ehepaar nach Berlin. Doch gerade jetzt, als für beide die berufliche und private Zukunft beginnen soll, spitzt sich in Deutschland die politische, wirtschaftliche und soziale Krise zu. Am Abend des 8. Novembers 1923 ruft Adolf Hitler in Berlin die «Nationale Revolution» aus, das Signal zum Kampf gegen die «jüdisch-marxistische Brut», und erklärt die bayerische sowie die Reichsregierung für abgesetzt. Auf den Straßen kommt es vielerorts zu gewaltsamen Auseinandersetzungen. Hitlers Putsch endet am folgenden Tag. Er wird in Haft genommen, viele Deutsche halten seine politische Laufbahn für beendet. Willy und Käthe verlassen die Metropole Berlin, um ihr Glück in Stettin zu versuchen.

Stettin (1925–1933)

In der Zeit zwischen den beiden Weltkriegen besaß Stettin den größten deutschen Ostseehafen, die Werften waren über die Landesgrenzen hinaus bekannt. Die Stadt selber zählte über eine viertel Million Einwohner,[161] die jüdische Gemeinde hatte fast 3000 Mitglieder.

Am 6. April 1925 wird in der Stettiner Karkutschstraße 14 Helga Deen geboren; ihre Eltern sprechen über sie als «unser Glück». Die elegante Wohngegend ist von der Architektur des 19. Jahrhunderts geprägt, und die Karkutschstraße liegt nahe an der wichtigsten Einkaufsstraße Stettins und am repräsentativen Kaiser-Wilhelm-Platz. Im gleichen Gebäude wie die Deens wohnen unter anderem ein Anwalt, ein Schneider, ein Betriebsleiter, ein Buchhändler, ein Beamter, ein Schmied und einige wenige Arbeiter. Unter den übrigen Bewohnern der Straße finden sich hohe Beamte, ein Reeder, Juristen und Ärzte. Das Einkommen der Deens ist vermutlich zu niedrig, um die Wohnung auf Dauer halten zu können. Sie ziehen in die Pommerensdorfer Straße 17, in der am 22. Juni 1928 Helgas Bruder Klaus zur Welt kommt. Die Kinder wachsen am Stadtrand auf, die Familie unternimmt von hier aus Wanderungen in die umliegende Natur. Die Pommerensdorfer Straße verlief zwischen einem Gleisweg und der Oder. In diesem Gebiet gab es mehrere Fabriken, dazwischen lagen einzelne Häuserblöcke. Die Pommerensdorfer Straße 17 war Teil einer Art Mietskaserne. Die Unterkunft der Familie Deen befand sich im zweiten Stock, daneben wohnten über drei Geschosse verteilt: ein Baumeister, ein Herbergswirt, ein Küfner, ein Wachmann, ein Tabakwarenhändler, ein Kaufmann, eine Verkäuferin, ein Bierbrauer, ein Bierfahrer, ein Vorarbeiter, vier Arbeiter, zwei Witwen und eine unverheiratete Frau mit unbekanntem Beruf.[162] Aus der Liste lässt sich schließen, dass die Familie Deen etwa zwischen unterem Mittelstand und Arbeiterklasse situiert war. Willy Deen betrieb von zu Hause aus einen kleinen Handel mit Seifen und Parfümeriewaren. Auch deutet die neue Wohnsituation darauf hin, dass Käthe Wolff ihren Beruf als Ärztin in Stettin nie ausgeübt hat. Weiterhin gibt es keinen Hinweis darauf, dass die Familie in der jüdischen Gemeinde aktiv war. Gemessen an den beiden Herkunftsfamilien lebten Helgas Eltern in einer prekären, gesellschaftlich isolierten Lage. Helga hatte aber anscheinend eine sorglose Kindheit.

Für das Jahr 1933 existiert eine letzte Eintragung der Familie Deen im Stettiner Stadtregister. Käthe Deen-Wolff ist erstmals als «Dr. med.» gemeldet, der Beruf ihres Mannes wird erneut mit «Chemiker» angegeben, dazu jetzt der Hinweis: «Seifen und Parfumerien». Die Wohnadresse ist unverändert die Pommerensdorfer Straße 17, neu ist lediglich die zusätzliche Nennung einer Geschäftsadresse: Klosterhof 3, eine Straße im alten Stadtkern von Stettin. Möglicherweise hatte sich die wirtschaftliche Situation der Deens verbessert.

In der Nacht vom 27. auf den 28. Februar 1933 brennt der Reichstag. Die angespannte Lage wird täglich spürbarer. Goebbels notiert am 28. Februar in seinem Tagebuch: «Es ist wieder eine Lust zu leben.»[163] Für die Deens beginnt ein Albtraum. Wie sich schützen? Die NSDAP erringt bei den Wahlen am 5. März 1933 288 von insgesamt 647 Sitzen. In den darauffolgenden Wochen übernimmt die Nationalsozialistische Partei die Herrschaft auf den Straßen und beschließt eine Reihe restriktiver Maßnahmen, sämtlicher Widerstand bricht zusammen. In seiner *Geschichte eines Deutschen* fasst der Publizist Sebastian Haffner die Lage in eindeutige Worte: «Vier Dinge brachte dieser März, als deren Ergebnis schließlich die unangreifbare Nazi-Herrschaft dastand: Terror; Feste und Deklamationen; Verrat; und schließlich einen kollektiven Kollaps – einen millionenfachen simultanen individuellen Nervenzusammenbruch.»[164] Am 1. April 1933 befiehlt Hitler einen allgemeinen Boykott gegen das Judentum, gegen jüdische Geschäfte, jüdische Ärzte, jüdische Anwälte. Wenn Käthe und Willy Deen schon früher Zweifel an einer Zukunft in Deutschland gehegt hatten, jetzt fühlen sie sich endgültig bestätigt. Die Deens haben in Deutschland nichts mehr verloren – aber sie haben eine Alternative. Willy, der seine niederländische Staatsbürgerschaft behalten hat, emigriert zuerst aus Deutschland und erreicht Tilburg am 17. Mai 1933. Käthe Deen-Wolff verlässt Stettin mit ihren Kindern Helga und Klaus am 1. Juli 1933; sie ziehen nach Hessisch Lichtenau, in das Haus ihres Vaters beziehungsweise Großvaters. Bei der Anmeldung wird ausdrücklich vermerkt, dass Käthe und ihre beiden Kinder die «Holländische Staatsangehörigkeit» besitzen. Die Abmeldung in Stettin folgt nach zwei Monaten, im September 1933. Die vierköpfige Familie trifft sich in Tilburg wieder.

Tilburg (1933–1940)

Später im Jahr ziehen auch Käthe Deen-Wolff und die Kinder bei Willys Mutter ein; Gertrude Deen-Wolff ist nicht nur Käthes Schwiegermutter, sondern auch ihre Tante. Ihr Haus in der Heuvelstraat befand sich im Zentrum der Stadt. Auf Helga hat es vermutlich recht geheimnisvoll gewirkt: groß, dunkel, ohne elektrisches Licht, mit einem märchenhaften, stark verwilderten und von einer Mauer umschlossenen Garten. Vermutlich hat sie aber auch die häufigen Spannungen bemerkt, die zwischen den drei Erwachsenen in der Luft lagen: So waren ihre Eltern unmittelbar nach der Ankunft in einen Finanzstreit verstrickt worden, den die Witwe Deen-Wolff mit der kleinen jüdischen Gemeinde in Tilburg (ca. 35 Familien) über den Verkauf einer bewaldeten Parzelle nah am jüdischen Friedhof im benachbarten Oisterwijk austrug.[165]

Mit dem Umzug war für Helga auch ein Schulwechsel fällig geworden. Helga und Klaus wurden an der «Openbare lagere school nr. 3», einer staatlichen Grundschule in der Korte Schijfstraat im Stadtzentrum eingeschrieben. Hier trafen im katholischen Tilburg die Kinder aus protestantischen, linken, liberalen und jüdischen Elternhäusern zusammen – es ist ein besonderes kulturelles Umfeld, in dem Helga heranwächst. Bei ihrem Eintritt in die Schule ist sie acht Jahre alt, sie durchläuft die Klassen innerhalb von vier Jahren, schneller als gewöhnlich. An derselben Schule unterrichtet ihr Vater nach dem regulären Unterricht eine Zeitlang Schach – er nennt seinen Kurs « SOS » («schaken op school», Schachspielen an der Schule). Klaus' damaliger Klassenkamerad Jacob Galjaard, der auch sein Freund bei den Pfadfindern war, erinnert sich an die Deens: Mutter Deen gab «uns Wölflingen einmal eine Wegzehrung mit (wir sollten auf einem Bauernhof zelten). Ich sehe sie noch vor mir, wie sie beim Abschied in der Tür stand. Vor allem fiel mir ihre Ponyfrisur auf – das kam mir damals merkwürdig vor.»[166]

Helga betätigte sich zu dieser Zeit gemeinsam mit ihrer Klassenkameradin Helga Liernur – deren als politisch links geltender Vater an der Rijks-HBS Tier- und Pflanzenkunde unterrichtete – in der «kabouterij».[167]

Vier Jahre später, im Juli 1937, kann die Schulleitung den Eltern mitteilen, dass Helga mit neun Mitschülerinnen und Mitschülern zum Besuch der ersten Klasse an der HBS zugelassen wurde. Helga beendet die Grundschule mit einer 6 im Rechnen, einer 6 im Niederländischen, einer 7 in Geschichte, einer 6 in Erdkunde und einer 5 im Schreiben.[168]

Die jüdische Gemeinschaft

Jüdische Klassenkameraden oder Freunde spielen in Helgas Biographie bis auf wenige Ausnahmen kaum eine Rolle – weder in der Grundschule noch später auf der Oberschule. Ebenso fehlen Hinweise auf eine Mitgliedschaft in einem jüdischen Verein oder auf Synagogenbesuche. Das ist kaum erstaunlich. Das Klima innerhalb der jüdischen Gemeinschaft in Tilburg muss auf die Familie Deen provinziell und abschreckend gewirkt haben. In der jüdischen Kirchenverwaltung hatten Händler und Mittelständler das Sagen. Gleichwohl wuchs die Mitgliederzahl der jüdischen Gemeinde von 159 im Jahr 1931 auf 259 im Jahr 1939. Ein Grund war der Zuzug von Flüchtlingen aus Deutschland, Österreich und Osteuropa, aber eine intellektuelle Öffnung war damit nicht verbunden. Von den jüdischen Flüchtlingen durften sich nur diejenigen ständig in Tilburg niederlassen, die einen festen Wohnsitz und ein geregeltes Einkommen nachweisen konnten. In der Praxis bedeutete das vor allem, dass der Anteil der Juden aus dem traditionellen Mittelstand weiter anstieg. Klatsch, Gerüchte und Unregelmäßigkeiten bei den Wahlen für den Synagogenrat waren an der Tagesordnung. Konfliktstoff boten Kollekten für zionistische Organisationen, die konfessionelle Schulaufsicht an der jüdischen Schule und Fragen der Kleidung.

Tatsächlich war «Assimilation» seitens des Tilburger Jüdischen Rats in hohem Maße erwünscht, was weniger einer ideologischen Festlegung entsprach als dem Wunsch, das ökonomische Überleben der jüdischen Bevölkerung zu sichern. Die Niederlassung der jüdischen Gemeinschaft in Tilburg am Ende des 18. Jahrhunderts war keineswegs reibungslos verlaufen. Die katholische Bevölkerung betrachtete die Juden als Bedrohung für die wirtschaftliche Blüte der Textilstadt. Die anfangs feindselige Stimmung legte sich erst, als die Juden bereits einen zentralen Bestandteil des Tilburger Mittelstands darstellten. Ihre Berufe – Fleischer oder Wollkaufmann – schufen Kontakte zur gesamten Stadtbevölkerung. Die Tilburger Juden fühlten sich wie die meisten Juden im Land schon bald als Niederländer und Juden zugleich. Ihre Assimilation im 19. und 20. Jahrhundert war weit fortgeschritten – denn die kleine jüdische Gemeinschaft in Tilburg und die typischen jüdischen Betätigungsfelder (Handel) machten es geradezu zwingend notwendig, dass intensive Beziehungen mit Andersdenkenden gepflegt wurden. Aber die Assimilation fand nicht nur in der Arbeitswelt, sondern auch im Privatleben statt: Vergleichsweise viele Juden in Tilburg lebten in Mischehen, besuchten die Synagoge unregelmäßig und beachteten die jüdischen Speisegesetze immer weniger.

Der Rückgang der Synagogenbesuche steht in einem größeren Zusammenhang mit der fortschreitenden Industrialisierung und Urbanisierung in Tilburg. Letztlich folgte daraus eine allgemeine Säkularisierung. Katholische Scharfmacher sahen die Schuld im Sozialismus, im Liberalismus und im Judentum. Doch die Tilburger Juden integrierten sich so überzeugend, dass sie – mit Ausnahme einzelner lautstarker, aber letztlich ungefährlicher katholisch-faschistischer Splittergruppen wie der Zwart Front von Arnold Meijer[169] – wenig zu befürchten hatten. Zum fünfzigjährigen Bestehen der jüdischen Gemeinde bewilligte die Gemeinde Tilburg der jüdischen Gemeinschaft 1924 – als Beweis der Zugehörigkeit – großzügige Mittel für die Restaurierung der Synagoge. Helgas Großvater Abraham Deen, der Vorsitzende der jüdischen Gemeinschaft, stellte befriedigt fest, dass die Unterstützung bewiesen habe, «dass die Juden in Holland nicht mehr, wie ich Ihnen aus früheren Zeiten berichtet habe, und auch nicht wie heute noch in benachbarten Ländern als Fremde angesehen werden, sondern als Bürger gelten, die am Wohl und Wehe ihres Wohnorts teilhaben und darum auch Anspruch auf alle damit verbundenen Bürgerrechte erheben können. Ich habe seitens der Autoritäten in unserer Stadt nie etwas anderes als Achtung und Entgegenkommen erfahren und hoffe, dass meine Nachfolger die gleiche Erfahrung machen werden.»[170]

Ein Leben für die Kunst

Nach einem knappen Jahr in der Heuvelstraat war die Familie Deen am 18. Mai 1934 in eine Mietwohnung in einem Neubauviertel im Osten der Stadt (Pelgrimsweg 24) gezogen, und ab dem 16. Juli 1934 ein Einfamilienhaus am Pelgrimsweg 45. Das Häuschen lag nah am Wilhelminakanal und bestand im Erdgeschoss aus zwei zusammenhängenden Zimmern mit Küche. Das Vorzimmer war mit einem imposanten Blüthner-Flügel und hohen, bis unter die Decke reichenden Bücherschränken vollgestellt. Oben befanden sich die nur mit einfachen Liegen eingerichteten Schlafzimmer. Helgas Zimmer

war nicht größer als ihr aufgeklapptes Bett.[171] Eine der Schlaf-
kammern wurde von Käthe Deen-Wolff als Behandlungszim-
mer genutzt. Obwohl sie in Tilburg als Ärztin gemeldet war,
fand sie keine bezahlte Arbeit. Seit 1934 warb sie mit Inseraten
für ihre «Maison *Pedicure*, Institut für wissenschaftliche Haut-
und Körperpflege (Frau Dr. Wolff)». Massagen und Physiothe-
rapie wurden ebenfalls angeboten.[172] Das Vorzimmer mit dem
Flügel und der Bibliothek diente zugleich als Wartezimmer.

Käthe Deen-Wolff musste das Familieneinkommen zusam-
menhalten, denn die Seifensiederei und die Agentur für Textil-
farbspritzen ihres Mannes brachten wenig ein, noch weniger,
nachdem er 1936 bei einem Verkehrsunfall einen Hüftbruch
erlitten hatte. Er war ein Jahr lang bettlägerig, und der Bruch
heilte schlecht: Willy Deen musste den Rest seines Lebens am
Stock gehen. Die Umstellung veränderte auch seinen Charak-
ter. Er wurde aufbrausend und fordernd, war dabei oft unge-
recht und nicht selten bitter.[173] Als Naturliebhaber hatte er mit
seiner Familie oft lange Radtouren und Wanderungen in die
Heide, die Wälder- und Seenlandschaften um Oisterwijk unternommen. Nach dem Unfall gestaltete sich das alles sehr viel
schwieriger. Doch er malte noch gern oder las seiner Familie
abends aus Shakespeare oder Kipling vor. Beide Eltern betrach-
teten es als wichtige Erziehungsaufgabe, ihren Kindern die
Liebe zur Natur und zur Kunst nahezubringen. Als sie heran-
wuchsen, begann Helga zu zeichnen, und Klaus verlegte sich
auf Bildhauerei und Holzschnitzerei. Helga hatte schon als
kleines Mädchen den Plan gefasst, dass sie später Kinderbuch-
illustratorin werden wollte. Klaus sah sich als zukünftigen
Zimmermann.

Finanziell konnte die Familie sich kaum über Wasser halten.
So bezahlte Willy Deen als Sohn des ehemaligen hochangese-
henen Vorsitzenden der jüdischen Gemeinschaft den niedrigs-
ten Synagogenbeitrag (6 Gulden im Jahr).[174] Die Zeiten, als die

Familie Deen es sich leisten konnte, eigene Synagogenstühle zu mieten, waren vorbei. Wahrscheinlich besuchten sie die Synagoge gar nicht mehr, zumindest taucht der Name Deen bei den wöchentlich notierten Kollekten nirgends auf. Auch außerhalb der Synagoge hielten sie kaum Kontakt zu anderen Juden. Die Tilburger jüdischen Kaufleute hatten andere Normen und Werte als sie, die meisten misstrauten intellektuellen Bestrebungen. Das Leben in der Gemeinschaft stand im Mittelpunkt, und so galt die Familie Deen als Sonderfall: «Die Familie war recht eigenbrötlerisch, wahrscheinlich ziemlich liberal.»[175] Käthe Deen-Wolff trug ihre liberalen Ansichten am nachdrücklichsten vor. So manches Buch, das ihr Mann den Kindern verboten hatte, drückte sie ihnen wieder in die Hand, und sie übernahm auch deren sexuelle Aufklärung. Ihre Tochter Helga sollte auf die Rijks-HBS gehen, die einzige Oberschule in Tilburg, in der Mädchen und Jungen gemeinsam unterrichtet wurden. Käthe Deen-Wolff hatte eine optimistische Lebenseinstellung. Auch wenn die materielle Notlage drückend wurde – sie suchte nach Lösungen, und das Gleiche erwartete sie von den anderen Familienmitgliedern.

Am Pelgrimsweg wohnten vor allem Beamte und Mittelständler. Außerdem gab es die große Pension «St. Liduina voor Heren en Dames», die vom Schwesternorden der Zusters van Liefde geführt wurde. Westlich der Ringbaan-Oost hatten sich vor allem Fabrikanten und Händler niedergelassen, östlich davon Büroangestellte und Facharbeiter. Im Vergleich zur gesamten Stadt Tilburg lebte hier eine auffällig hohe Zahl «andersdenkender Familien»: 17,3 Prozent im Jahr 1938. Für ganz Tilburg betrug der Prozentsatz 4,9.[176]

Die Rijks-HBS Koning Willem II

Im September 1937 wechselt Helga auf die nahe gelegene Rijks-HBS Koning Willem II an der Ringbaan-Oost.[177] Dort wird sie zwei Klassen wiederholen müssen, die erste und die zweite. In der ersten Klasse gab es in mehreren Fächern Probleme, besonders im Französischen – im Zeugnis hatte sie die Note 3 – und im Niederländischen (sie bekam eine 5). Ihr bestes Fach war Hochdeutsch (mit der Note 8). Im Wiederholungsjahr (sie saß jetzt in der Klasse I A) erhielt sie im Fach «Geschichte der Natur» und in Deutsch sogar jeweils die Note 9; im September 1939 wurde sie endlich in die zweite Klasse (II B) versetzt. Dort ging es mit den Noten wieder abwärts: Rechnen, Geometrie 3, Naturkunde 4, Französisch und Englisch 5. In ihrem zweiten Wiederholungsjahr (Klasse II A, 1940–1941) blieb Rechnen mit einer 4 ihr schwächstes Fach, dafür erreichte sie in den anderen Fächern recht gute Noten. Alle vier Zeugnisse aus der Zeit an der HBS vermerken ihr «gutes», im letzten Jahr sogar «sehr gutes» Betragen.[178]

Mehrere Mitschüler haben sich später an Helga erinnert. So berichtete Clara Metzlar-van Winsen, Helga sei ein eher schüchternes und zurückhaltendes Mädchen gewesen.[179] Helga schrieb ihr einmal ins Poesiealbum: «Liebe Clara/Allzeit fröhlich ist gefährlich/Allzeit traurig ist beschwerlich/Allzeit glücklich ist betrüglich/Eins ums andere ist vergnüglich/Zur Erinnerung an Helga Deen.»

Dieses Bild von Helga Deen bestätigt auch ihr ehemaliger Klassenkamerad Jan Prins: «Helga war in der Schule sehr still, sehr bescheiden.»[180] Helga Liernur, die Helga Deen schon aus der Grundschule kannte und mit ihr gemeinsam in die II A gegangen ist, ergänzt: «Einmal musste sie in der Niederländischstunde ein Referat halten. Ich erinnere mich deutlich, sie stand vor der Klasse und trug das Märchen ‹Das Mädchen mit den Schwefelhölzern› auf eine so besondere, getragene Weise vor, dass ich es nie mehr vergessen habe. Ich denke, ihr Niveau lag weit über dem der Klasse – sie war aber auch zwei Jahre älter als die meisten! Dann gab es auch noch die kleinen Späße über die zwei Helgas – Helga war damals ein ungebräuchlicher Name – in der Klasse: Helga I und Helga II. Ich fand es gut, dass es noch ein Mädchen mit diesem ungewöhnlichen Namen in der Klasse gab, zumal ich sie damals schon sehr besonders fand – und besonders lieb. Hellblaue Augen! Und blond war sie!»[181]

An der HBS lernte Helga ihre Herzensfreundin Hanneke Gerritsen (1924–1998) kennen. Sie war ein Jahr älter als Helga und wohnte im nahe gelegenen Oisterwijk. In der Mittagspause kam Hanneke immer zum Kaffeetrinken zu den Deens. Die Freundschaft der Mädchen war allmählich gewachsen. Die Liebe zur Natur, viele Spaziergänge in Oisterwijk und am Galgenven, einem Weiher am Stadtrand von Tilburg, und die geteilte Leidenschaft für Literatur und Musik trugen sicher dazu bei. Hannekes Vater, G. Gerritsen, war Musiklehrer und Organist der reformierten Kirche in Oisterwijk. Wie der Ortspfarrer Krijn Strijd war er überzeugter Kriegsgegner und Pazifist. Helga Deen, die Strijd in ihrem Tagebuch erwähnt, hat den Pfarrer also möglicherweise über Hanneke kennengelernt. Er leitete eine Jugendgruppe «De rijzende kerk» («Die reisende Kirche»); hier diskutierten junge Menschen mit unterschiedlichem sozialem oder kulturellem Hintergrund über religiöse und gesellschaftliche Themen.

Zu Helga Deens näheren Bekannten oder Freunden an der HBS gehörten außerdem Berend Dijksterhuis aus Oisterwijk und die beiden jüdischen Mädchen Anita Roos[182] und Joan Meyer-Udewald aus der Nachbarschaft. Berend war der Sohn des bekannten Wissenschaftshistorikers Eduard Dijksterhuis, der neben seiner wissenschaftlichen Tätigkeit an der HBS unterrichtete.

Nur ein paar Häuser entfernt von Helga Deens Elternhaus

wohnte der ebenfalls namhafte Geschichtslehrer J. M. Metzlar, mit dem die Familie ebenfalls in Verbindung stand. Im Hause Deen veranstaltete man Lesenachmittage für die Schuljugend und Kammermusikabende, die bis in die ersten Kriegsjahre fortgesetzt wurden. Mit Eduard Dijksterhuis spielte Käthe Deen-Wolff in dessen Villa in Oisterwijk vierhändig die Sinfonien von Anton Bruckner.

Zwischen 1937 und 1941 besuchten Helga und Klaus Deen mit zwölf weiteren jüdischen Kindern, darunter auch Anita Roos, die jüdische Religionsschule von Jacob de Wilde. Willy Deen und Käthe Deen-Wolff legten vermutlich Wert darauf, dass ihre Kinder mit der jüdischen Kultur und Geschichte vertraut wurden. Unter den Mitschülern waren auch die Kinder der Familien Polak.[183] Die Lederhändler Alfred und Max Henri Polak waren die einzigen Juden, mit denen das Ehepaar Deen freundschaftlich verkehrte. Die Polaks mieden wie sie das kleingeistige und kleinbürgerliche Milieu, das die jüdische Gemeinschaft prägte; in den dreißiger Jahren setzten sie sich aktiv für den Zionismus und für die Aufnahme deutsch-jüdischer Flüchtlinge in Tilburg ein. Die Tilburger jüdische Gemeinde vertrat hier allerdings mehrheitlich andere Meinungen. Da die Flüchtlinge als finanzielle Belastung angesehen wurden, stießen die entsprechenden Aktionen nicht immer auf Zustimmung. Im Februar 1940 fassten die Deens den Entschluss, ein zwölfjähriges deutsch-jüdisches Flüchtlingsmädchen bei sich aufzunehmen. Gerda Nothmann war die Tochter eines Berliner Rechtsanwalts, der plante, mit seiner Frau und seinen Kindern aus Deutschland zu fliehen. Seine beiden Töchter hatte er schon in die Niederlande vorausgeschickt. Aus der geplanten Flucht wurde nichts, und Gerda blieb bei der Familie Deen. Käthe und Willy Deen behandelten sie wie ein eigenes Kind, sie bekam Musikstunden und erfuhr – als Tochter aus wohlhabendem Hause –, wie relativ materieller Wohlstand sein kann.

Im Rückblick betrachtete Gerda die Jahre bei den Deens als die schönsten ihrer Kindheit und Jugend. Käthe Deen-Wolff liebte sie bald wie ihre eigene Mutter. Mit Klaus verstand sie sich bestens, mit Helga dagegen wenig: «Sie war so altklug.» Gelegentlich wies Käthe Deen-Wolff die drei Kinder an, ebenfalls zu den notwendigen Einkünften der Familie beizutragen. So mussten sie beispielsweise als Orangenverkäufer von Tür zu Tür gehen und zu Hause bei Tisch wiederholt zusammenrücken, da die Ärztin Schüler der HBS aus den umliegenden Dörfern mittags gegen Bezahlung privat verköstigte.

Tilburg (1940–1943)

Am 10. Mai 1940, dem Tag nach dem Einmarsch der Deutschen, flohen einige Juden aus den Niederlanden. Auch die Familie Deen unternahm einen Fluchtversuch – angesichts ihrer Mittellosigkeit fuhren sie auf ihren Fahrrädern in Richtung belgische Grenze. Über ihnen die feindlichen Angriffsflugzeuge, am Boden der Lärm der einschlagenden Bomben und Abwehrgeschütze – so erreichten sie schließlich ihr Ziel. Doch an der Grenze ging es für die Deens nicht weiter. Sie mussten umkehren und nach Tilburg zurückfahren. Neun Mitglieder der jüdischen Gemeinde in Tilburg waren seit Ausbruch des Krieges ins Ausland emigriert, unter ihnen die einzigen jüdischen Freunde von Willy und Käthe Deen: Alfred (1883–1956) und Max Polak (1888–1942) mit ihren Familien. Sie emigrierten 1940 nach England und in die Vereinigten Staaten.[184]

Auch Helga Deens Bekanntenkreis wurde kleiner. Ihre Freundin Hanneke zog nach dem Abschluss der HBS im Herbst 1940 nach Amsterdam, um am dortigen Konservatorium zu studieren. Es blieben nur spärliche Kontakte an den Wochenenden und in den Ferien. Etwa 1941/42 lernte Hanneke den neunzehnjährigen Gérard van Kalmthout kennen, und die Kontakte mit Helga nahmen in der ersten Zeit der Beziehung noch weiter ab. Gérard van Kalmthout hatte das katholische St.-Odulphus-Lyceum in Tilburg besucht, sein Vater war Komponist, Organist und Leiter der römisch-katholischen Lehrgänge[185] am Brabant'schen Konservatorium in Tilburg. Obwohl er beruflich viel mit ihnen zu tun hatte, empfand er eine tiefe Abneigung gegen die klerikalen Kreise in Tilburg. Gérards Mutter hieß mit Mädchennamen Maria Lutkie. Ihr Bruder, der umstrittene Priester Wouter Lutkie, war als Mussolini-Anhänger und Bewunderer des Faschismus bekannt. Hanneke – und in ihrem Gefolge Helga – wurde durch Gérard in Musiker- und Künstlerkreise eingeführt.[186] Auch Helga freundete sich mit Gérard an.

Diese Kontakte waren keineswegs selbstverständlich, da die deutschen Besatzer eine immer schärfere Kontroll- und Segregationspolitik gegenüber der jüdischen Gemeinschaft vertraten. So mussten sich die meisten jüdischen Unternehmen registrieren lassen, anschließend wurden dann «arische» Verwalter eingesetzt. Ab August 1941 waren jüdische Unternehmer außerdem verpflichtet, ihr Vermögen auf die von den Deutschen kontrollierte Bank Lipmann, Rosenthal & Co zu übertragen. Auch Willy Deens kleines «Betriebskapital» ging in die Hände der Nazis über. Im November 1942 wurde der Gesamtbetrag (in Höhe von 40,05 Gulden) konfisziert.[187]

Jüdische Ärzte durften nur noch jüdische Patienten behandeln, was Käthe Deen-Wolffs Einkünfte praktisch auf null reduzierte. Hinzu kam, dass Gerdas Eltern kein Geld mehr für den Unterhalt ihrer Tochter schicken konnten. Willy Deen beschloss, auf dem Schwarzmarkt zu handeln. Ein altes Fass mit Öl (aus den Beständen seiner Seifensiederei) wurde beispielsweise benutzt, um darin unterschiedliche «Leckereien» zu backen. Das stinkende Öl wiederum konnte nachher auf dem Schwarzmarkt gegen Getreide getauscht werden, aus dem in der Kaffeemühle Mehl gemahlen wurde. Helga, Klaus und Gerda sammelten ihrerseits Nahrung – Pilze – in den nahe gelegenen Wäldern.

Ab 1941 wurden alle in den Niederlanden lebenden Juden registriert. In ihrem Personalausweis stand jetzt der Buchstabe «J». Juden wurde zudem der Besuch von Volksbädern untersagt. Sie durften nur noch zu bestimmten Zeiten in Geschäften einkaufen, überall erschienen Tafeln mit der Aufschrift «Für Juden verboten». Schließlich mussten sie auch ihre Rundfunkgeräte abgeben. Von diesem Tag an hörte Willy Deen bei der Nachbarfamilie Van Dijk fast täglich BBC. Die Van Dijks führten ein Lebensmittel- und Fleischwarengeschäft.

Die Segregationspolitik, mit der die wirtschaftlichen Lebensgrundlagen der jüdischen Bevölkerungsteile systematisch zerstört werden sollten, hatte eine verheerende Wirkung auf die assimilierte jüdische Gemeinschaft. Juden waren fortan in ihrer Bewegungsfreiheit eingeschränkt und vom gesellschaftlichen und wirtschaftlichen Leben ausgeschlossen. Zugleich heizten antisemitische Verbände die Stimmung in der Öffentlichkeit an. Auch die Deens mussten jeden Samstag die schreienden Schlagzeilen auf den NSB[188]- und Zwart-Front-Blättern zur Kenntnis nehmen, die in den Tilburger Einkaufsstraßen lauthals diskutiert wurden. Und selbst im Viertel der Familie Deen wohnten NSB-Mitglieder, die sich im August 1941 mit großer Überzeugung an einer landesweiten Aktion zur öffentlichen Identifizierung der jüdischen Einwohner beteiligten. Die Synagoge und zahlreiche Wohnungen von Juden wurden mit dem in gelber Farbe aufgemalten Wort «jood» gekennzeichnet und daneben mit Davidsternen, Hakenkreuzen oder Wolfsangeln beschmiert, ebenso einzelne Häuser der ungefähr dreißig im Viertel der Deens ansässigen Juden. In unmittelbarer Nähe der Rijks-HBS brachte man an der Straße großformatige Naziparolen an.[189] Einer der engsten Freunde der Deens, der schon erwähnte Eduard Dijksterhuis, trat im September 1940 in die katholisch-faschistische Nationaal Front von Arnold Meijer ein.[190] Dijksterhuis glaubte in der neukonstituierten politischen Bewegung eine Kraft zu erblicken, die den Fortbestand der Nation sicherstellen konnte. Dabei schätzte er sich selbst nicht als Antisemiten ein. Als er seine Mitgliedschaft bei der Nationaal Front Freunden gegenüber rechtfertigen musste, schrieb er über Meijer: «Seinen Standpunkt bezüglich der Juden teile ich, soweit ich meine auf persönliche Erfahrungen gegründeten Gefühle heranziehe, nicht. Zugleich scheint er mir sehr gemäßigt. Ich kann mir nicht vorstellen, dass er auf diesem Gebiet zu Taten schreiten könnte, die begründete Missbilligung wecken könnten.»[191] Für Dijksterhuis waren die Juden keine abstrakte Kategorie, er kannte und schätzte Käthe Deen-Wolff. Noch vor Ablauf eines Monats distanzierte sich Dijksterhuis wieder von Meijers Bewegung, nachdem die Zeitung der Nationaal Front eine antisemitische Karikatur gedruckt hatte. Das Verhältnis zu den Deens hat unter dieser Episode nicht gelitten. 1941 stellte Dijksterhuis der Familie seine Villa eine Zeitlang als Ferienhaus zur Verfügung. Willy Deen malte für ihn zum Dank ein Ölgemälde, ein Seestück.[192]

Das Jüdische Lyzeum

1941 erfährt Helga Deen in den Sommerferien, dass sie nicht mehr auf die HBS zurückkehren kann. Ihre Mitschülerin Anita Roos schilderte, was das bedeutete: «Der Hausmeister an meiner Schule kam zu uns nach Hause, um meine Eltern wissen zu lassen, dass ich und alle anderen jüdischen Kinder dem Unterricht nicht mehr beiwohnen durften. Es war dem Hausmeister sehr unangenehm, eine solche Nachricht zu überbringen, aber es war Krieg, und wir lebten unter deutscher Besatzung. Die Zeit danach war sehr unerfreulich. Meine nichtjüdischen Freundinnen gingen wieder zur Schule; meine jüdischen Freundinnen und ich halfen unseren Müttern. Wir durften nicht außer Haus arbeiten.»[193]

Ende August händigte der Schulleiter J. A. Bastiaenen der Stadtverwaltung eine Liste der jüdischen Schüler aus, die zu dieser Zeit an der HBS eingeschrieben waren: Milan Bretisch, Klaus Deen, Helga Deen, Salomon Gersons, Alex van Leeuwen, Donald M. Mendels, Joan Meyer-Udewald, Robert S. Meyer-Udewald, Ilse L. Nathan, Gerda Nothmann, Harold A. Pels, Anita Roos, Lore Samson und Ralph Kalfuss.

Ende Oktober 1941 wurde in 's-Hertogenbosch für den Süden des Landes ein Jüdisches Lyzeum gestiftet. Dieses neue «Joods Lyceum» und die «ulo»[194] wurden im ehemaligen Lehrerseminar am Papenhulst 29 untergebracht.[195] Willy Deen meldet seine beiden Kinder Helga und Klaus und die Pflegetochter Gerda hier am 17. Dezember 1941 an. Aus Tilburg werden außerdem Alex van Leeuwen, Donald Mendels, Harald Pels, Anita Roos und Joan Meyer-Udewald die Schule besuchen. Nach Anita Roos' Darstellung waren die Fahrten von Tilburg nach 's-Hertogenbosch und zurück anfangs recht unterhaltsam – trotz des gelben Judensterns, den sie tragen mussten: «Die Niederländer waren nie unfreundlich, weil wir diesen Stern trugen. Wir durften uns erst setzen, wenn alle im Zug einen Sitzplatz hatten, aber das kümmerte uns nicht.» Erst später wurde es gefährlich – die Deutschen nahmen am Bahnhof manchmal Leute fest. Von Zeit zu Zeit kam der Unterricht wegen Kohlenmangel oder aus anderen Gründen zum Erliegen. Den Unterricht erteilten Professoren, Lehrer und ein Ingenieur, der Chemiestunden gab.[196] Das Heft mit der Aufschrift «Scheikunde H. Deen» stammt möglicherweise von hier.

Am Lyzeum werden Helga und ihr Bruder wegen ihrer ärmlichen Garderobe gehänselt. Ob sie denn nicht den Spruch kennen: «Kleider machen Leute», rufen ihnen die Mitschüler nach. Als sie verstört nach Hause kommen, gibt Käthe Deen-Wolff ihnen die für ihr Verständnis einzig passende Antwort: «Aber sie machen keine Menschen.»[197] Eine andere Geschichte aus dieser Zeit: Helga lernt Abraham Goudsmit kennen, einen Jungen aus

Eindhoven, der sie sehr gern hat. Sie gibt ihm Zeichnungen und Fotos von sich. Ob daraus eine Beziehung wurde?[198] Jedenfalls keine längere. Hanneke Gerritsen und Helga Deen scheinen sich über diese Möglichkeit verständigt zu haben, waren aber wohl zu dem Schluss gekommen, dass «Appie» noch zu unreif für Helga sei.[199] Die Deportation nach Vught sollte zugleich das Ende ihrer Schulzeit in 's-Hertogenbosch bedeuten.

In den letzten Monaten am Jüdischen Lyzeum, etwa Ende 1942 oder Anfang 1943, traf Helga – durch Hannekes Freund Gérard – Kees van den Berg. Möglicherweise kannte sie ihn schon vom Sehen, denn er wohnte im gleichen Viertel wie sie, im Nachbarhaus ihrer Schulfreundin Joan Meyer-Udewald. Kees hatte mit Gérard das St.-Odulphus-Lyceum besucht, ihr gemeinsamer Freundeskreis war politisch linksgerichtet. Ab Anfang 1940 besuchte Kees van den Berg die römisch-katholischen Lehrgänge an der Kunstakademie in Tilburg, um dort vor allem an der Malklasse von Jan van Delft teilzunehmen. Kees war 1923 geboren, seine Eltern waren aufrichtige Menschen. Sie waren Katholiken, aber aus Tradition und ohne allen Fanatismus. Auch sein Vater war – wie Willy Deen – ein begeisterter Naturliebhaber und ging viel und gern mit seinen Kindern in die Wälder um Oisterwijk spazieren. Kees erbte diese Liebe zur Natur. Auch Kunst und Kultur kamen in der Familie nicht zu kurz, seine Mutter war musikalisch und sang, Kees und seine Schwester spielten recht gut Klavier, Kees daneben auch noch Querflöte.[200] Im Frühjahr 1943 verliebten sich Helga und Kees: «Diese warmen Frühlingsmonate, in denen du so glücklich warst», schreibt Hanneke ein halbes Jahr später zur Erinnerung. Seine Geschwister wussten nichts von Kees' Gefühlen – mit Ausnahme der ältesten Schwester, der er auch erzählt hatte, dass er gemeinsam mit Gérard bei der Familie Deen vorlesen würde. Kurz vor Helgas Deportation ins KZ Vught hatten die vier zusammengefunden. Helga muss sich wohl gefühlt haben mit diesen aufgeschlossenen, politisch

links orientierten und kunstinteressierten Freunden, die wie sie die märchenhafte Wald- und Seenlandschaft zwischen Tilburg und Oisterwijk von klein auf kannten und liebten. «[...] am letzten Tag [vor der Deportation], als wir durch den Garten liefen und du abwechselnd Kees und Gérard getröstet und gestreichelt hast – und deine Augen mich beim Abschied anstrahlten: ‹Ich bin jetzt wirklich glücklich, Hanneke!›»[201]
In ihrem Lagertagebuch wird Helga versuchen, ihre Tagträume und Albträume mit ihnen zu teilen.

Vught, Westerbork und Sobibór 1943

Die jüdische Familie Deen

Seit Kriegsbeginn war Helga Deens Vater in der jüdischen Gemeinde aktiv. Er arbeitete für den Jüdischen Rat, der angewiesen war, sich an der Ausführung der Deportationsbefehle der Zentralstelle für jüdische Auswanderung zu beteiligen – im Tausch wurden die eigenen Mitarbeiter freigestellt («gesperrt»). Der Rat sprach sich außerdem dagegen aus, dass Juden den Versuch unternahmen, irgendwo unterzutauchen. Mithin übernahm er in Tilburg im Herbst 1941 die öffentlichen Aufgaben, die zuvor der Synagogenrat ausgeführt hatte. Ab Ende November 1941 mussten Juden, wenn sie eine Reise antreten wollten, eine schriftliche Genehmigung vorweisen. Diese war nur über das Büro des Jüdischen Rats erhältlich,[202] in dem der Vorsitzende der jüdischen Gemeinde eine Sprechstunde hielt. Im Februar 1942 organisierte der Rat im Klassenraum der jüdischen Schule täglich, außer samstags und sonntags, kleine Mahlzeiten mit heißen Getränken.[203] Im Frühjahr 1942 verteilte er die gelben Judensterne. Käthe Deen-Wolff sorgte dafür, dass jedes Familienmitglied über drei Kleidungsstücke mit dem aufgenähten Stern verfügte: Wintermantel, Sommermantel, eine Jacke.[204]

Willy Deen war ab 1. März 1941 mit den Reise- und Umzugsgenehmigungen beschäftigt. Seiner Tochter Helga wurde zum
15. September 1942 eine Tätigkeit innerhalb des Jüdischen
Rats in Tilburg zugewiesen, bei der Abteilung «Hilfe für Abreisende», wozu ihr eine Befähigung zur «Hilfe im Haushalt» be-
scheinigt wurde.[205] Die Sektion, für die sie arbeitete, erhielt im
Oktober 1942 eine Sendung Rucksäcke, Brotbeutel, Kleidung,
Schuhwerk, Becher, Löffel und Teller; mit diesen Hilfsgütern
sollte sie den Abreisenden zum «Arbeitsdienst» in Deutschland
beistehen. «Hilfe im Haushalt» bedeutete aber auch: Kleider
sammeln, öffentliche Mahlzeiten verteilen, Einkäufe erledigen,
in Tilburg verbleibende Angehörige erfassen, beim Packen helfen. Die Abteilung riet den Abreisenden, neben Decken und
Kleidung auch ein «Lieblingsbuch» mitzunehmen, außerdem
eine «nicht zu große Schreibmappe sowie frankierte auslän-
dische Postkarten mit Rückantwort oder Antwortcoupon».[206]
Helga verrichtete diese Arbeiten in Tilburg mit anderen Mädchen, unter anderem mit ihrer früheren Klassenkameradin an
der HBS, Joan Meyer-Udewald.

Das Ansehen der Familie Deen innerhalb der jüdischen Gemeinde wuchs. Seit 1. Januar 1941 hatte Willy Deen wieder
einen eigenen Synagogenplatz.[207] Als der Religionslehrer De
Wilde im Juni 1941 sein fünfzigjähriges Jubiläum als Kantor
feierte, durfte Klaus Deen in der Schulaula als ältester Schüler
die Ansprache für den Jubilar halten.[208]

Erzwungener Umzug und Deportation

Am 28. August 1942 kam es in Tilburg zur ersten großen Ju-
dendeportation. Auch ein Bruder von Willy, Alfred Deen, der
noch bei der Mutter wohnte und mit Antiquitäten handelte,
wurde einberufen. Er kam nicht zu dem festgesetzten Termin.
Am nächsten Tag wurde er in Haft genommen, aber am 31. August 1942 wieder auf freien Fuß gesetzt, nachdem der jüdische

Arzt Moerel ihn für geisteskrank erklärt hatte.[209] Lange sollte seine Freiheit nicht dauern. Anfang Oktober 1942 wurde er im KZ Westerbork interniert und von dort am 19. Oktober 1942 nach Auschwitz deportiert. In Auschwitz kam er am 28. Februar 1943 ums Leben.[210] Die Wohnungen von Willy Deen und seiner Mutter waren am 1. Oktober 1942 durch die Besatzungsmacht inventarisiert worden. Bald darauf standen die Namen von Gertrude Deen-Wolff und Gerda Nothmann auf Listen von Tilburger Juden, die ins Lager Westerbork «evakuiert» werden sollten.[211] Doch vorläufig entgingen sie der Deportation. Dazu trug sicher Willy Deens Stellung beim Jüdischen Rat bei. Er ließ Gerda Nothmann ausdrücklich als «Pflegetochter» registrieren.

Am 10. Februar 1943 informierte ihn die Polizei darüber, dass er und seine Familie am nächsten Tag unter Mitnahme des gesamten Mobiliars bei seiner Mutter einzuziehen hatten. Das geschah auf Anordnung des «Bevollmächtigten für die Reorganisation der Niederländischen Polizei» und stand im Zusammenhang mit der Ernennung des neuen Polizeiinspektors in Tilburg, H. K. Burger. Der Transport der Möbel vollzog sich «unter Polizeiaufsicht»; anschließend wurde die Wohnung für den fanatischen NSB-Anhänger Burger freigegeben.[212] Die Deens kehrten somit an ihre erste Tilburger Adresse zurück – zehn Jahre zuvor hatten sie hier nach dem Umzug in die Niederlande Fuß gefasst. Das Verhältnis mit der (Schwieger-)Mutter hatte sich seither nicht verbessert. Willy und Käthe Deen-Wolff wechselten kaum ein Wort mit der älteren Dame. Pflegetochter Gerda Nothmann prägte die Wendung «Papas unmögliche Mutter». Das Haus in der Heuvelstraat war alt, feucht und noch immer die einzige Adresse im Viertel ohne Stromversorgung – Gertrude Deen-Wolff glaubte nicht an das «neumodische Zeug». Dafür standen überall im Haus schöne, wertvolle Möbel herum. Die Schwiegertochter, sehr deprimiert, weil sie den Flügel zurücklassen mussten (er wurde in der HBS untergestellt), nahm die Umgestaltung der oberen Etage dennoch als eine neue Herausforderung an – und sie sorgte für Strom. Helga und Gerda teilten sich ein Zimmer, das einst ein Badezimmer gewesen war. Eingesperrt unter dem Dach der Witwe, die mit ihren Hausmädchen im Erdgeschoss lebte, war die gesellschaftliche Ausgrenzung schon fast komplett. Hart traf die Deens zudem eine weitere Einschränkung: Juden wurde jeglicher Kontakt mit Nichtjuden verboten. Ihre Freunde waren zu diesem Zeitpunkt allesamt nichtjüdisch und mussten nun an der Rückseite des Hauses über die Gartenmauer klettern, um die Familie ungesehen zu besuchen. Im hinteren Teil des Gartens stand ein Walnussbaum, der Rest war verwildert. Hier traf Helga Deen auch ihren Geliebten Kees van den Berg[213], und hier entwickelte sich auch zwischen Gerda und Klaus eine zarte Bindung.

Im März 1943 wurde ein Aufenthaltsverbot für Juden, gültig für verschiedene Provinzen – darunter Nordbrabant –, verhängt. Alle nicht freigestellten oder krankgemeldeten Juden mussten sich bei den Polizeibehörden melden und ihre Wohnungsschlüssel abgeben. Am 9. April wurden 33 Juden ins Lager Vught geschickt, sechs kranke Juden kamen nach Westerbork.[214] Der Jüdische Rat durfte mit Genehmigung des Sicherheitsdienstes Kleider, Lebensmittel, Wäsche und Küchengeräte aus den Häusern holen – nützliche Gegenstände, die laut Angabe der Deutschen nach Westerbork und Vught geschickt werden sollten.[215] Der Höhere SS- und Polizeiführer, Befehlshaber der Sicherheitspolizei, präzisierte das Verbot schon wenig später. Es galt «gleichermaßen für Funktionäre des Jüdischen Rats». Diese Bestimmung wurde der Polizei am 19. April 1943 zugestellt.[216]

Damit war das Schicksal der Deens besiegelt. Am Dienstag, dem 1. Juni 1943, überstellte man die krankheitshalber in Tilburg verbliebenen Juden und die Mitglieder des Jüdischen Rats (mit Ausnahme einzelner leitender Funktionäre) nach Vught. Zu den Deportierten gehörten die Eheleute De Wilde und Van Dam sowie die Familie Willy Deen.[217] Der polizeiliche Monatsbericht vermeldete, dass nunmehr, «mit Ausnahme der gemischt Verehelichten, etwa 40 an der Zahl, und der Mitglieder des Jüdischen Rats, Tilburg judenfrei» war. Das Ehepaar Van Dam war krankgemeldet, und Deen sowie der Religionslehrer De Wilde waren wegen ihrer Tätigkeit beim Jüdischen Rat bislang «gesperrt» gewesen. Das bedeutet, die Schutzklauseln hatten offenbar im Mai ihre Gültigkeit verloren. Die Witwe Deen-Wolff durfte jedoch erstaunlicherweise weiterhin in Tilburg wohnen, wenn auch nicht in einer eigenen Wohnung. In diesem Zusammenhang heißt es im entsprechenden Monatsbericht der Tilburger Polizei: «Gegenwärtig befinden sich hier mit Genehmigung der Sipo [Sicherheitspolizei] noch einzelne nicht transportfähige kranke Juden und Mitglieder des Jüdischen Rats, welche so rasch wie möglich von hier abreisen werden.»[218] Vielleicht wurde sie zur Kategorie nicht transportfähiger Juden gerechnet? Auf einer Liste von Juden in Nordbrabant aus diesem Zeitraum war Gertrude Deen-Wolff zumindest als «krank» registriert.[219]

Bis kurz vor der Deportation hatten die Deens noch Kontakt zur Familie Dijksterhuis. Deren jüngster Sohn erinnert sich, dass die Deens davon ausgingen, früher oder später in einem Lager im Osten zu landen, wo zwar zweifellos harte Arbeit auf sie wartete – aber daran würden sie sich schon gewöhnen. Klingt hier Käthes unerschütterlicher Pragmatismus durch? Bei Willy Deen nahm der junge Dijksterhuis hingegen gewisse Zweifel an der eigentlichen Bestimmung ihrer Verschickung nach Vught wahr.[220] Alte, liebgewonnene Familienerbstücke, darunter auch Goldschmuck und silberne Service, waren sicherheitshalber zu Bekannten gebracht worden.[221] Eines machte Käthe Deen-Wolff ihren Kindern auf dem Weg nach Vught sehr klar: Der KZ-Aufenthalt bedeutete das Ende der Deens als einer unzertrennlichen Familie. Denn in Vught sollten Helga, Gerda und Käthe von Willy und Klaus getrennt untergebracht werden. Die Familie Deen mit ihrer großen gemeinsamen Liebe zur Natur, zu Literatur und Musik, an der sie trotz allem weiter festgehalten hatte, hörte auf zu existieren.

Helga war vorbereitet. Schon auf der Busfahrt nach Vught, das etwa 20 Kilometer von Tilburg entfernt ist, schrieb sie ihre erste Karte: «Der Bus rumpelt schrecklich, aber ich will trotzdem schreiben. Ich kann euch im Moment nicht viel sagen, nur dass ich glücklich bin, dass ich Kraft habe, Kraft in mir spüre, alle anderen Menschen an meinem Glück teilhaben zu lassen und zu helfen, sie genauso strahlend zu machen. [...] ich komme wieder.»[222]

Vught

Das Lager Vught, mit der offiziellen Bezeichnung «SS Konzentrationslager Herzogenbusch», hatte erst im Januar 1943 seine Tore geöffnet.[223] Es sollte Juden und Nichtjuden aufnehmen. Das Judenlager bestand aus einem West- und einem Ostflügel; westlich waren die Frauen und Kinder untergebracht, östlich die Männer. Als die Deens eintrafen, war das KZ stark überfüllt. Nach SS-Maßstäben herrschte noch ein eher gemäßigtes Kommando. Von Schwerstarbeit, Misshandlungen oder Erschießungen war noch nicht die Rede, aber die Lebensumstände konnten dennoch nur als unerträglich bezeichnet werden. Es gab keinerlei Rückzugsmöglichkeit; die räumliche Enge und die Ungewissheit über ihr weiteres Schicksal führten immer wieder zu Ausbrüchen und Konflikten unter den Gefangenen. Das Bild des Lagers, das Helga Deens Tagebuch entwirft, wird von anderen Quellen bestätigt. Das Essen bestand aus gepanschten Gemüsesuppen ohne ausreichenden Nährwert.

Durchschnittlich starben in Vught täglich zwei Juden an Erschöpfung oder Krankheiten, darunter vor allem Kinder und alte Menschen. Für die Deens lag hier nicht die größte Gefahr, sie waren bei der Ankunft in guter körperlicher Verfassung. Helgas Eltern taten von Beginn an alles, um eine weitere Deportation zu verzögern. Schon am 3. Juni schreibt die Tochter: «Mutter und ich bemühen uns schon nach Kräften um Arbeit. Mutter hat immerhin Aussichten, hier Ärztin zu werden [...].» Fast unmittelbar nach der Niederschrift dieser Zeilen konnte Käthe Deen-Wolff anfangen, im Krankenhaus zu arbeiten. Für Helga Deen tat sich eine andere Möglichkeit auf: Auf dem Lagergelände war ein Betrieb der Firma Philips errichtet worden, Ende April wurden dort die ersten jüdischen Mädchen als Zwangsarbeiterinnen beschäftigt. Arbeit bedeutete den Verbleib in Vught, die Freistellung vom Transport in ein anderes KZ. Am 4. Juni schreibt Helga: «[...] ich muss sehen, dass ich mir Arbeit besorge.» Am Tag darauf eine weitere, kurze Notiz: «Ein Transport. Das ist zu viel. Ich bin am Boden [...]. Das vergisst man nie mehr.» Helga Deen spielt hier auf die berüchtigten Kindertransporte an.[224] Auch die Familie Deen muss in entsetzlicher Sorge gewesen sein, denn Klaus war zu diesem Zeitpunkt fünfzehn Jahre alt. Helgas Vater hat versucht, die Situation in Worte zu fassen. In einem Brief an Hanneke Gerritsen, den er aus dem Lager schmuggeln und ihr zustellen lassen konnte, schreibt er: «Dir das Entsetzen und den Jammer zu beschreiben, die das ganze Lager erfüllten, ist nahezu unmöglich. Auch wir waren am Boden zerstört, du weißt ja, wie wir aneinander hängen. Aber der Sturm ging vorüber, ein Sturm von 2 langen Tagen, in denen wir jeden Moment mit dem Aufruf rechneten, der eine Trennung fürs Leben bedeuten konnte. Die Funktion meiner Frau hat uns diesmal gerettet, die gesamte Familie blieb ‹gesperrt›.»[225] Erst eine Woche später folgt der nächste Eintrag in Helgas Tagebuch. Das Lagerleben fällt ihr schwer: «[...] ständig Gezänk und Gekeife um einen herum. Selber kennst du das wahrscheinlich aus Haaren.» Gemeint ist das Lager in Haaren, in dem Kees zusammen mit Gérard eine Zeit gefangen gehalten wurde. Der Grund: Sie hatten versucht, Juden zur Flucht nach Belgien zu verhelfen.[226]

Mittlerweile hat auch Helga Arbeit. «Ich arbeite jetzt im Krankenhaus, Reinemachen.» Wird es genug sein, um ihre Freistellung zu sichern? Sie ist beunruhigt und hat Angst. Hat sie gewusst, wie es um ihren Vater und Klaus steht? Das Tagebuch enthält keinen Hinweis. Hat sie erfahren, dass Klaus – aufgrund einer Ausnahmeregelung – als Lehrling in der Zimmermannwerkstatt von Philips tätig sein kann? Dass sein Name jetzt auf der Liste der vom Transport Freigestellten steht? Oder dass ihr Vater Verwalter in der Wäschereiabteilung des Lagers geworden ist? Alle vier Familienmitglieder kämpfen ums Überleben. Doch nach der Erfahrung mit dem Kindertransport muss in Willy Deen die Überzeugung gereift sein, dass sie ohne Hilfe keine Chance haben. In seinem Brief an Hanneke Gerritsen formuliert er sehr entschieden: «Gérard muss unter allen Umständen bei den Italienern erwirken, dass ich für eine Verschickung nach Deutschland gesperrt werde, und zwar unverzüglich, denn jeder Tag kann neue Gefahr bedeuten. Wenn sein Bericht über seine damals vergebliche Reise korrekt war, waren sie, ebenso wie die Deutschen, hierzu bereit. Er soll sich unverzüglich mit Herrn Moses in Tilburg in Verbindung setzen.» Was genau gemeint ist, kann nur vermutet werden. Sehr wahrscheinlich soll Gérard van Kalmthout sich direkt an das in Tilburg zurückgebliebene Mitglied des Jüdischen Rats, Max Moses, wenden. Mit den «Italienern» ist möglicherweise der Kreis um Gérards Onkel, den schon erwähnten Mussolini-Anhänger Wouter Lutkie, gemeint. Und die «vergebliche Reise» könnte verdeckt auf die misslungene Fluchthilfe nach Belgien anspielen, die Gérard (und Kees van den Berg) die Inhaftierung in Haaren eingebracht hatte. Was Hanneke oder Gérard auf Willy Deens Bitte hin unternommen haben, wissen wir nicht. Aber auf keinen Fall führte es zum Erfolg.

Willy Deen schließt seinen Brief mit den Worten: «Nun, Hanne, du weißt jetzt, wie es steht, tu auch du, was in deinen Kräften steht, damit Gérard sich alle Mühe gibt, hilf mit, dafür zu sorgen, dass uns das einzige Leid, das wir wahrscheinlich nicht ertragen können, erspart bleibt.» Ist der Brief eine Verzweiflungstat? Glaubt er oder glaubt Helga noch an Hilfe? Am Dienstag, dem 15. Juni, schreibt sie in ihr Tagebuch: «Es geht hier ein Gerücht, dass Sonntag wieder ein Transport abgeht. Das Leben ist nur noch ein einziges Elend [...]». Es war tatsächlich ein Gerücht. Eine Woche später der Eintrag: «Kein angenehmer Tag [...] 3½ Stunden beim Appell gestanden. [...] Große Mühe, ruhig und entspannt zu bleiben. [...] Aber wir sind unverwüstlich!» Helga schwankt zwischen Furcht und Hoffnung. Sie macht sich Vorwürfe, wenn sie den Mut verliert: «[...] ich habe einfach vughtisch gelebt. Kein Kampf, keine Freude, Glück [...]. Mir sind ein starkes, unerträgliches Verlangen und Kampf noch lieber als das [...].» Dann der Eintrag vom 30. Juni: «Freitag auf Probe arbeiten bei Philips, endlich!» Damit schien ihre Freistellung bis auf weiteres gesichert. Am Tag darauf ist die Hoffnung verflogen. Noch einmal das Tagebuch: «Wieder ein Transport, und diesmal sind wir auch dabei.»

Westerbork

Am 2. Juli 1943, einem Freitag, werden fast 1500 Juden nach Westerbork deportiert. Gerda bleibt in Vught, da sie bereits bei Philips arbeitet. Willy, Käthe, Helga und Klaus müssen auf Transport gehen. An diesem Morgen schreibt Helga an ihre «Lieben Drei»: «Ob wir in Westerbork bleiben, weiß ich nicht, aber wahrscheinlich zumindest vorläufig wegen unserer neuen ‹Sperrung›.» Noch immer versucht Helga, zuversichtlich und kampflustig zu erscheinen: «[...] wir sind gesund, fröhlich und mutig und gehen dem Neuen mit dem größten Optimismus entgegen.» Am 8. Juli schreibt sie noch an Kees. Die Stimmungen in diesem Brief wechseln, doch das Unausweichliche kündigt sich unübersehbar an. Helga fasst es in zurückhaltende Worte, die umso mehr erschüttern: «Der Abschied von Brabant und allem Bekannten ist mir unsagbar schwergefallen. [...] Mir brach fast das Herz, als ich die letzten Wälder Brabants, den Gleisweg nach Tilburg, den Bosscheweg, einen Laden, in dem ich einmal etwas gekauft hatte, einen Radbauer, Vught, das alles vielleicht für lange, vielleicht überhaupt zum letzten Mal sah.»

Sobibór

Am Dienstag, dem 13. Juli 1943, verlässt ein weiterer Transport Westerbork: 2417 Juden werden nach Sobibór deportiert. Unter ihnen sind Willy, Käthe, Helga und Klaus Deen. Am Freitag, dem 16. Juli, werden sie ermordet. «Ich komme wieder», hatte Helga noch auf dem Weg ins Lager Vught gehofft. Sie kehrte nicht zurück.

Ad van den Oord, Ronald Peeters, Ton Wagemakers

EDITORISCHE NOTIZ

Ende des Jahres 2003 erhielt das Regionaal Archief Tilburg eine E-Mail, in der Conrad van den Berg mitteilte, dass er einige Sachen aus dem Besitz eines jüdischen Mädchens gefunden habe. Er hatte auf der Webseite des Archivs gelesen, dass dort Informationen und persönliche Dokumente von Kriegsopfern aus Tilburg gesucht werden. Wenig später machte sich Gerrit Kobes im Auftrag des Archivs auf den Weg zur Familie Van den Berg und konnte dort eine braune Lederhandtasche in Augenschein nehmen. In der Tasche befanden sich Briefe, Postkarten, eine Haarlocke, ein Stück von einer Damenbinde, ein Füllfederhalter und ein gebrauchtes Heft in einem graugrünen Umschlag. Das Heft trug die Aufschrift: «Scheikunde [deutsch: Chemie] H. Deen». Nachdem sein Vater im Jahr 2001 verstorben war, hatte Conrad van den Berg die Tasche in dessen Maleratelier entdeckt; Kees van den Berg hat zu Lebzeiten nie über seine große Jugendliebe gesprochen. Sein Verhältnis zu Helga Deen war offenbar ein Geheimnis, das er mit niemandem teilen wollte. Conrad van den Berg und seine Frau waren dagegen der Meinung, dass «das Heft» der Öffentlichkeit zugänglich gemacht werden müsse. Vor allem Jugendliche sollten das Tagebuch lesen können, um im Widerstand gegen den heutigen Nazismus bestärkt zu werden.

Der Niederlandist Rob Tempelaars transkribierte das Tagebuch und die Briefe und versah die Texte mit zahlreichen Kommentaren. Für die Publikation der Texte wurde außerdem eine Reihe von Gesprächen mit Freunden und Bekannten der Deens aus der damaligen Zeit geführt sowie intensiv recherchiert, um Bildmaterial und schriftliche Aufzeichnungen über Helga Deen und die Geschichte ihrer Familie zu finden. Dafür gilt besonderer Dank André Beening, Ad de Beer, Luud de Brouwer, Theo van Herwijnen, Gerrit Kobes, Ad van den Oord, Ronald Peeters und Ton Wagemakers. Ronald Peeters hat zudem eine Reihe von Personennamen und einzelne geographische Bezeichnungen identifiziert. Ad van Liempt hat das zusammengetragene Forschungsmaterial in seinem Vorwort, bei der Auswahl der Abbildungen und in den Anmerkungen zum Tagebuch und zu den Briefen verwertet.

Vieles wurde im Lauf der Bearbeitung ans Licht gebracht, aber die Frage, wie das Tagebuch aus dem Lager geschafft werden konnte, bleibt offen. Fest steht nur, dass Leopold Hamburger, der mit den Deens gut bekannt war, dazu beigetragen hat, diese Aktion vorzubereiten.

Leser dieses Buches, die im Besitz weiterer Informationen über die Familie Deen sind oder sich persönlich an ihre Mitglieder erinnern, können sich gern an das Regionaal Archief Tilburg wenden (per Post an: Postbus 90155, NL - 5000 LH Tilburg, oder per E-Mail an: info@regionaalarchieftilburg.nl (s. auch: www. helga-deen.nl).

ANMERKUNGEN

VORWORT

1   Das KZ Herzogenbusch war eines der fünf Konzentrationslager in den Niederlanden im Zweiten Weltkrieg. Ab dem 5. Januar 1943 unterstand es dem SS-Wirtschafts- und Verwaltungshauptamt, vertreten durch SS-Hauptsturmführer Karl Chmielewski. Bevor er den Aufbau des Konzentrationslagers Herzogenbusch mit kontrollierte, war er Kommandant des KZ Gusen; er wurde der «Teufel von Gusen» genannt.

2   Das Judendurchgangslager Westerbork war von den nationalsozialistischen Besatzern in den Niederlanden angelegt worden, um von dort niederländische Juden in die Konzentrations- und Vernichtungslager zu deportieren. Vom Lager Westerbork wurden insbesondere Kinder und Jugendliche in das Vernichtungslager Sobibór im südöstlichen Polen transportiert.

3   Gerda Nothmann-Luner: Gerda's Story. Memoir of a Holocaust Survivor. Elmhurst 2002.

4   Den Bosch ist eine weitere niederländische Bezeichnung für 's-Hertogenbosch, deutsch: Herzogenbusch.

5   Die ersten Häftlinge im KZ Herzogenbusch, die aus dem Lager Amersfoort hierhergebracht wurden, mussten das neue Lager selbst erbauen.

6   Zitiert nach David Koker: Diary written in Vught. Amsterdam 1993, S. 130 (Anm.).

7   Vgl. Anm. 6: Die Aufzeichnungen von David Koker erschienen erstmals Amsterdam 1973.

8   In der niederländischen Ausgabe des Tagebuchs und der Briefe von
Helga Deen wurde die Interpunktion den niederländischen Interpunktionsregeln angepasst. Die deutsche Übersetzung ist dem gefolgt und
hat die deutschen Interpunktionsregeln angewendet. Der Zeilenfall
sowie Trennstriche an Zeilenenden wurden in der deutschen Übersetzung des Tagebuchs möglichst originalgetreu beibehalten. (A. d. Ü.)

9   Im originalen Wortlaut («geflitspoten of geflitspuit») versucht
Helga Deen, eine Verbform zum niederländischen Substantiv «flitspuit»
korrekt zu beugen. Das niederländische «spuit» bezeichnet ein Spritz-
oder Sprühgerät. Das Wort «flitspuit» datiert aus den dreißiger Jahren
und meint ursprünglich einen Zerstäuber, mit dem das Insektenvertil-
gungsmittel Flit (Markenname) ausgebracht wurde.

10   Joan Meyer-Udewald (1925–1945), eine jüdische Schulkameradin
von Helga Deen. Die beiden besuchten zusammen die erste Klasse an
der Rijks-HBS-Koning Willem II und später das Jüdische Lyzeum in
's-Hertogenbosch.

11   Gemeint sind die berüchtigten Kindertransporte vom 6. und
7. Juni 1943.

12   Über die Identität von Greet ist nichts bekannt.

13   Gerda Nothmann (1927–1999) wurde als deutsch-jüdisches Flüchtlingsmädchen von der Familie Deen aufgenommen. Helga und Gerda
besuchten zusammen die Rijks-HBS und später das Jüdische Lyzeum.

14   «worst» (deutsch: Wurst): korrekte Lesart unsicher.

15   Helga Deen schreibt im Originaltext «Haren»; gemeint ist Haaren
in Brabant. Kees van den Berg und Gérard Kalmthout waren dort vor-
übergehend interniert, nachdem sie versucht hatten, Juden über die
belgische Grenze zu bringen (Mitteilung Wim van den Berg, Bruder von
Kees van den Berg, 8. Dezember 2006).

16   Helga Deen hat zuerst geschrieben: «testamentje» und die verklei-
nernde Silbe «je» gestrichen. (Gemeint ist das schmale Neue Testament,
A. d. Ü.)

17   Es wurden unterschiedliche Bücher dieses Titels publiziert. 1925
erschien *Uit zijne volheid. Elke dag in Gods licht*, hrsg. von A. J. van den Ban
(1899–1974), W. J. Aalders (1870–1945) et al., Zeist, zweite Aufl. 1935.
Älter ist das Buch von H. C. van den Brink (1866–1947): *Uit zijne volheid.*
Zeven preken. 's-Gravenhage 1918. Die Wendung «uit zijne volheid»
(deutsch: aus seiner Fülle) geht zurück auf Joh 1,16.

18 Krijn Strijd (1909–1983) war von 1939 bis 1941 Ortspfarrer in Oisterwijk.

19 «weer die dag met jou en» (deutsch: diesen Tag mit dir wieder und): korrekte Lesart unsicher; möglicherweise hat Helga Deen diesen Satzteil gestrichen.

20 Übersetzung folgt der Satzstruktur im Originaltext. (A. d. Ü.)

21 Im Originaltext wurde die ursprüngliche Datumsangabe (14. Juni) nachträglich korrigiert.

22 Im Originaltext wurde das Wort «zelf» (deutsch: selbst) offenbar nachträglich eingefügt.

23 Im Originaltext wurde der Name «Barneveld» nachträglich eingefügt. Zu Betty und Elly Frenkel liegen keine weiteren Informationen vor.

24 Der Erzählungsband *De Gezegenden* des niederländischen Schriftstellers und Dichters Aart van der Leeuw (1876–1931) erschien 1923 und wurde zwischen 1933 und 1943 fünfmal unverändert gedruckt. Helga Deen schreibt den Vornamen im Tagebuch «Aard».

25 Im Originaltext wurde das Wort «zelf» (deutsch: selbst) offenbar nachträglich eingefügt.

26 Im Originaltext ohne Anführungszeichen.

27 Im Originaltext «niet» (deutsch: nicht), offenbar ist aber «net» (wie) gemeint.

28 Im Originaltext wurde nach dem Wort «is» (deutsch: ist) das Wort «een» (ein) gestrichen.

29 In der Heuvelstraat in Tilburg wohnte Helga Deen 1933 und von Januar bis Juni 1943.

30 Im Originaltext wurde das Wort «keer» (deutsch: Mal) nachträglich eingefügt.

31 Im Originaltext wurde das Wort «ooit» (deutsch: je) nachträglich eingefügt.

32 Satzzeichen unsicher.

33 Im Originaltext wurde das Wort «meer» (deutsch: mehr) nachträglich eingefügt.

34 Die Worte «onder het geweld van stortvloed» (deutsch: unter gewaltigen Sturzfluten) sind im Originaltext ohne Angabe zur Stellung im Satz über die Worte «zag buigende berken» (sah sich biegende Birken) geschrieben.

35 Helga Deen schreibt hier (wie auch in einer Postkarte) «Wülfling». Die Bilder der deutschen Illustratorin Sulamith Wülfing (1901–1989), häufig Elfendarstellungen, sind durch einen mystisch-symbolischen,

märchenhaften Stil gekennzeichnet. Drei erhaltene Zeichnungen von Helga Deen wurden offenbar von Zeichnungen der Illustratorin abgezeichnet oder wesentlich inspiriert. Die Zeichnungen befinden sich im Regionaal Archief Tilburg (Sammlung Abraham Goudsmit).

36   Das Märchen «Des Kaisers neue Kleider» des dänischen Schriftstellers Hans Christian Andersen (1805–1875) erschien zuerst 1837 (im dritten Teil seiner *Märchen, für Kinder erzählt*).

37   Das folgende Zitat stammt aus einem Brief von Rainer Maria Rilke (1875–1926) an den Offizier Franz Xaver Kappus. Der Brief wurde am 14. Mai 1904 in Rom geschrieben und in dem posthum (1929) erschienenen Band *Briefe an einen jungen Dichter* veröffentlicht. Das Buch ist eines der bekanntesten Werke des Dichters.

38   Bei Helga Deen: «Lieb haben».

39   Bei Helga Deen: «villeicht».

40   Bei Helga Deen: «Äuszerste».

41   Bei Helga Deen ist «können» unterstrichen.

42   Bei Helga Deen ohne Komma.

43   Bei Helga Deen hier ein Punkt.

44   Bei Helga Deen «lieben».

45   Bei Helga Deen: «hinein. Einsamkeit».

46   Bei Helga Deen: «vertiefstes».

47   Bei Helga Deen ohne Komma.

48   Bei Helga Deen «Denn».

49   Bei Helga Deen «Ungeordnetem?) es ist».

50   Bei Helga Deen «für den einzelnen, viele zu reifen».

51   Bei Helga Deen ohne Komma.

52   Bei Helga Deen ohne Komma.

53   Bei Helga Deen ohne Komma.

54   Bei Helga Deen ohne Komma.

55   Bei Helga Deen ohne Komma.

56   Bei Helga Deen «ist villeicht das wofür».

57   Bei Helga Deen ohne Punkt hinter der Initiale M.

58   Im Originaltext wurde das Wort «nu» (deutsch: mittlerweile) nachträglich eingefügt.

59   Im Originaltext wurden nach «angst» (deutsch: Angst) die Worte «en haast» (und Eile) gestrichen.

60   Im Originaltext wird als Datum «Dienstag, 30. Juni» angegeben. Der 30. Juni 1943 war ein Mittwoch, d. h. Helga Deen hat sich entweder im Wochentag oder im Datum geirrt. Die folgende Passage hat sie

mit dem 1. Juli 1943 datiert; es ist also anzunehmen, dass sie sich im Wochentag geirrt hat.

61 Im Originaltext wurde das ursprüngliche Wort «het» (deutsch: es) gestrichen und durch «dit» (das) ersetzt.

62 Im Originaltext wurde «dat» (deutsch: das) nachträglich eingefügt.

63 Moerdijk, Gemeinde in den Niederlanden, Provinz Nordbrabant. (A. d. Ü.)

64 «Vracht pakken» (deutsch hier: Packen): korrekte Lesart unsicher.

65 Hier brechen Helga Deens Eintragungen ab.

66 Im Originaltext steht «woensdag» (deutsch: Mittwoch) über der Zeile, ohne Hinweis auf die Stellung im Satz.

67 «niet lang meer» (deutsch: nicht lange mehr): korrekte Lesart unsicher.

68 Im Originaltext wurde die Datumsangabe verändert (von «17.» zu «19.»).

69 Im Originaltext «dwaalspoor» (deutsch: Abwege): korrekte Lesart unsicher.

70 Hier bricht die Eintragung ab. Danach wurden Seiten herausgerissen. Die folgende Heftseite ist S. 73.

BRIEFE

71 Ursprünglich Präsens. Das Wort «laat» wurde zu «liet» (deutsch: ließ) korrigiert.

72 Korrekte Lesart unsicher.

73 Im Originaltext wurde vor «schemering» (deutsch: Dämmerung) das Wort «regen» (Regen) gestrichen.

74 «Vorhin habe ich» (ndl.: Ik heb toen net): korrekte Lesart unsicher. Möglicherweise steht hier «Ik heb toen met» (Vorhin habe ich mit) oder auch «Ik heb toen maar» (Also habe ich).

75 Vgl. Anm. 35 im Tagebuch.

76 Ein Kosename von Helga Deen.

77 «Liebe Drei» (ndl.: Lieve Drie): von Helga Deen benutzte Anredeform für ihren Geliebten Kees van den Berg, ihren Freund Gérard van Kalmthout und ihre Freundin Hanneke Gerritsen.

78 Im Originaltext wurden vor «aan» (deutsch: an) einige Buchstaben gestrichen.

79 «vrouwenmagen» (deutsch: Frauenmagen): korrekte Lesart unsicher.

80 Im Originaltext wurde das Wort «niet» (deutsch: nicht) nachträglich eingefügt.

81 Im Original deutsch. (A. d. Ü.)

82 Im Originaltext wurde «die weg moesten» (deutsch: die wegmussten) nachträglich eingefügt.

83 Im Originaltext ist das Wort «Duitschers» (deutsch: Deutschen) zweimal, das Wort «bereid» (bereit) dreimal unterstrichen. Korrekte Lesart unsicher: Im ndl. Manuskript scheint zu stehen: «zoowel als de Duitschers hier, toe bereid». Möglicherweise war gemeint: «zoowel als de Duitschers hier, hiertoe bereid», deutsch dann: ebenso wie die Deutschen hier, hierzu bereit.

84 Max Moses (geb. 1900 in Straatsburg), war der Hauptrepräsentant des Jüdischen Rats in Tilburg. Im Juni 1943 übte er sein Amt noch aus. Moses war von Beruf Lederhändler und wohnte an der Tilburger Ringbaan-Oost.

85 Im Originaltext wurde zwischen «duur» (deutsch: Dauer) und «veel» (viel) ein Wort oder Wortteil gestrichen.

86 «en de meisjes» (deutsch: und die Mädchen): korrekte Lesart unsicher.

87 «Nu Hanne»: «Nu» (deutsch: Nun): korrekte Lesart unsicher. Im Originaltext wurde nach «Hanne» ein Wort gestrichen.

88 «In oude» (deutsch: In alter): korrekte Lesart unsicher.

89 Roman (1916) des flämischen Autors und Malers Felix Timmermans (1886–1947).

90 Im Originaltext: «eindex. Gym».

91 In der Heuvelstraat in Tilburg wohnte Helga Deen zuerst 1933 und wieder von Januar bis Juni 1943.

92 Im Original deutsch. (A. d. Ü.)

93 Vermutlich ist Max Moses gemeint (vgl. Anm. 84).

94 «net» (deutsch: knapp): korrekte Lesart unsicher.

95 Im Originaltext ist vor «zolang» (deutsch: solange) «als je» (wenn du bzw. wenn man) gestrichen.

96 Im Originaltext «Bosseweg». Der Bosscheweg verbindet Tilburg und 's-Hertogenbosch.

97 Helga Deen hat hier den Rest des Satzes gestrichen und unlesbar gemacht.

98   Im Originaltext wurde das Wort «onbekende» (deutsch: Unbe-
kanntes) zu «ongekende» (Ungekanntes).

99   Im Originaltext: «Adema».

100   Das Gedicht von C. S. Adama van Scheltema (1877–1924) mit dem
Titel «De keuterboer» (deutsch etwa: Der Kleinbauer) stammt aus dem
mehrfach aufgelegten Gedichtband *Zwervers verzen* («Landstreicherverse»)
aus dem Jahr 1904. Helga Deen zitiert die Zeilen nicht ganz korrekt:
«Op de hei stond Vader Pappa/ En hij spitte met de spade.» Sie lauten:
«Op de hei stond vader pappe,/ En hij spitte met zijn spade.»

101   Im Originaltext ist nach «allerlei» die Silbe «ken» (aus «kennissen»,
deutsch: Bekannten) gestrichen.

102   Im Originaltext wurde hier das Wort «kennissen» gestrichen und
durch «familieleden» (deutsch: Familienangehörige) ersetzt.

103   «Ven» ist die ndl. Bezeichnung für unterschiedlich große, häufig
mit Schilf umgebene wassergefüllte Bodensenkungen oder Weiher, oft
auch der direkten Umgebung. Das Galgenven liegt in den Birken- und
Eichenwäldern zwischen Moergestel und Tilburg.

104   Vermutlich ist Leopold Hamburger (1887–?) gemeint, ein guter
Bekannter der Familie Deen, der im gleichen Viertel an der Tilburger
Ringbaan-Oost wohnte. Nach Aussage seiner Tochter Erika Kors-Ham-
burger (Mitteilung 1. Februar 2007) hatte er ein Reiseverbot, und es ist
daher unwahrscheinlich, dass er Helga Deens Tagebuch aus dem Lager
geschmuggelt hat.

105   Im Originaltext wurde das Wort «verlangens» (deutsch hier: Sehnsüchte) nachträglich eingefügt.

106   Im Originaltext wurde «op» (deutsch: auf) durch «langs» (an …
entlang) ersetzt.

107   Marc Chagall (1887–1985), französischer, ursprünglich aus Weiß-
russland stammender jüdischer Maler.

108   Im Originaltext wurde der Wortteil «normen» zur Verdeutlichung noch einmal mit «normen» überschrieben.

109   Ursprünglich stand hier «strijd» (deutsch in dieser Übersetzung
einheitlich: Kampf), was nachträglich durch die Endung t in die Verbform «strijdt» (kämpfst) verändert wurde.

110   Im Originaltext steht «over ons lees» (deutsch: über uns lese); aber
über das Wort «ons» wurde «mij» (mich) geschrieben.

111   Im Originaltext steht vor dem Wort «vader» (deutsch: Vater)
durchgestrichen «jouw» (dein).

112   Vgl. Helga Deens Tagebucheintrag vom 23. Juni.

113   Im Originaltext wurde das Wort «vaak» (deutsch: oft) zur Verdeutlichung noch einmal mit «vaak» überschrieben.

114   «Schrijf me als je kunt» (deutsch: Schreib mir, wenn du kannst) wurde diagonal über die linke untere Ecke der Seite geschrieben.

115   Französischer Autor (1869–1951).

116   «hoe ze dan» (deutsch: wie sie dann): korrekte Lesart unsicher.

117   Im Originaltext wurden vor «toen je» (deutsch: als du) die Worte «als je» (wenn du) gestrichen.

118   Im Originaltext wurde das Wort «ziet» (deutsch: siehst) gestrichen und die Vergangenheitsform «zag» (sahst) darüber eingefügt.

119   Im Originaltext wurde nach dem Wort «lucht» (deutsch: Himmel) folgender Satz gestrichen: «Es schmerzt zu wissen, dass man zwar liebt, aber dass es unendlich schwer ist.»

120   Im Originaltext wurde vor dem Wort «rust» (deutsch: ruhe) das Wort «bezoek» (besuche) gestrichen.

121   Vgl. dazu auch Helga Deens Brief vom 8. Juli 1943: «Außerdem verstehe ich nicht, warum Hanneke und Gérard nie geschrieben haben [...]».

122   Seit dem 3. Mai 1942 wurden alle Juden in den Niederlanden, die älter als sechs Jahre waren, gezwungen, einen gelben Stern gut sichtbar an ihrer Kleidung zu tragen. (In Deutschland bestand dieser Zwang seit dem 1. September 1941, A. d. Ü.)

123   Steinbrücke über einen Flusslauf in den Wäldern bei Oisterwijk.

124   «Ven» ist die niederländische Bezeichnung für unterschiedlich große und häufig mit Schilf umgebene, wassergefüllte Bodensenkungen oder Weiher. Das fischreiche und vielfach von Anglern genutzte Belvertsven liegt in den Wäldern zwischen Oisterwijk und Boxtel.

125   Name eines Baches.

126   Name eines Kanals. Vor dem nächsten Wort, «kabbelend» (deutsch: murmelnd) wurde ein Wort gestrichen.

127   Vor dem Wort «het» (deutsch: dem) wurden vermutlich zwei Worte gestrichen und unleserlich gemacht.

128   Name einer Straße in Oisterwijk.

129   Name eines jüdischen, ursprünglich aus Bulgarien stammenden Tanzes.

130   «Hatikwah» (deutsch: die Hoffnung). Jüdisches Lied, heute die israelische Nationalhymne. Der Text handelt von der Vereinigung des jüdischen Volkes im Land Israel. Das Lied geht zurück auf ein Gedicht von Naphtali Herz Imber (1856–1909), das 1886 publiziert wurde; die

erste Fassung wurde 1877 geschrieben. Der Komponist Samuel Cohen schrieb 1882 eine Melodie dazu.

131 Abk. für «Hogere Burger School» – in Deutschland etwa einer früheren Oberrealschule vergleichbar (A. d. Ü.); vgl. auch Nachwort S. 108.

132 Appie: Abraham Goudsmit (geb. 1925 in Amsterdam) besuchte mit Helga Deen das Jüdische Lyzeum in 's-Hertogenbosch und wohnte damals in Eindhoven. Aus seinem Nachlass stammen drei Zeichnungen von Helga Deen.

133 Vroom & Dreesmann ist eine große Warenhauskette, gegründet 1887.

134 Der amerikanische Bürgerkriegs-Roman von Margaret Mitchell *Gone with the Wind* wurde unter dem gleichnamigen Titel 1939 verfilmt. Im Brief wird der Filmtitel in Deutsch und Englisch genannt.

135 Melanie Hamilton, eine der Hauptfiguren in *Vom Winde verweht*, Nichte und Braut von Ashley Wilkes.

136 Ashley Wilkes, weitere Hauptfigur in *Vom Winde verweht*. Ashley, der von Scarlett O'Hara geliebt wird, heiratet seine Nichte Melanie Hamilton.

137 Scarlett O'Hara, die weibliche Protagonistin in *Vom Winde verweht*.

138 Der spätere Ehemann von Scarlett O'Hara, ein Zyniker.

139 Im Originaltext deutsch.

140 Verbindungsweg zwischen Tilburg und 's-Hertogenbosch. Im Originaltext «Bosseweg».

141 Ausgedehnte Natur- und Dünenlandschaft im Norden von Tilburg.

142 Lore Samson (geb. 1925) und ihr Bruder Alfred Samson (geb. 1922), beide in Elberfeld zur Welt gekommen, besuchten mit Helga Deen die Rijks-HBS Koning Willem II in Tilburg und wohnten in ihrer Nachbarschaft.

143 Erika Hamburger (geb. 1930) und ihr Bruder Hans Hamburger (geb. 1928), beide in Stuttgart zur Welt gekommen, besuchten ebenfalls die Rijks-HBS Koning Willem II. Auch sie wohnten in Helgas Viertel. Hans Hamburger hatte mit Klaus Deen die Grundschule in Tilburg besucht. Er änderte 1958 seinen Familiennamen (heute Hager).

144 Zitat aus Joseph von Eichendorffs Gedicht «Waldgespräch» (1812). Die erste Strophe lautet: «Es ist schon spät, es wird schon kalt,/ was reit'st du einsam durch den Wald?/ Der Wald ist lang, du bist allein,/ du schöne Braut! Ich führ' dich heim!»

145   Zitat aus Eichendorffs Gedicht «Zwielicht» (1812). Die erste Strophe lautet: «Dämmrung will die Flügel spreiten,/ Schaurig rühren sich die Bäume,/ Wolken ziehn wie schwere Träume -/ Was will dieses Graun bedeuten?» Vertont von Robert Schumann im *Liederkreis* (1840), op. 39.

146   Bekanntes Café-Restaurant (und dessen unmittelbare Umgebung) in den Wäldern um Oisterwijk.

147   Im Original «meske»: In Brabant übliche Aussprache von «meiske» (Koseform von «meisje», deutsch: Mädchen).

148   Kees van den Berg scheint sich hier zu irren. Vgl. dazu Hanneke Gerritsens Brief vom 18. August 1943: «Was hast du [Helga] dich immer gegruselt, wenn ich wie die grausame, schöne Königin aus Schneewittchen schaute, mit ihren stolzen, grausamen Augen und dem harten Mund. Aber vor allem hast du dich vor meinen Augen gefürchtet. Noch vor ein paar Jahren hast du mich immer wieder darum gebeten.»

149   Im Originaltext wurden vor dem Wort «echt» (deutsch hier: wirklich) die Worte «de mensen» (den Menschen) am Ende der vorigen Zeile und am Anfang der neuen Zeile gestrichen.

150   Im Originaltext wurden vor «(liever), stiller» die Worte «op 'n vrouwelijker» (deutsch: auf weiblichere) gestrichen.

151   Im Originaltext steht möglicherweise «op onze [...] buurtbomen» (deutsch etwa: auf unseren [...] Bäumen in der Nachbarschaft). Korrekte Lesart sehr unsicher.

152   Im Originaltext wurde vor dem Wort «knabbelende» (deutsch: knabbernden) der Wortteil «snoepe» oder «snoepen» (naschen) gestrichen. Kees van den Berg bezieht sich hier auf eine Passage aus Hanneke Gerritsens Brief vom 18. August 1943.

153   Auf dem linken unteren Seitenrand ist das ndl. Wort «Dank» ebenfalls erkennbar.

NACHWORT

154   Die Abschnitte zu Helga Deens Elternhaus und Familie und zu Stettin stützen sich wesentlich auf Forschungsmaterial von André Beening.

155   Gerda Nothmann-Luner: *Gerda's Story. Memoir of a Holocaust Survivor.* Elmhurst 2002, S. 21.

156   Stadtarchiv Bernburg und Adressbuch (1877) Bernburg.

157 Käthe Deen-Wolff: *Ueber die Zunahme der Fehlgeburt in den Städtischen Krankenhäusern Alt-Berlins während des Krieges und nach dem Kriege*. Berlin 1923.

158 Vgl. dazu die Untersuchung *Genealogie van de joodse familie Deen* von Theo van Herwijnen.

159 Vgl. B. W. de Vries: *From Pedlars to Textile Barons*. Amsterdam 1989, S. 178–179 und 257–258.

160 Bei der Rijks-HBS handelt es sich um eine staatliche «Hogere Burger School», etwa vergleichbar mit einer damaligen deutschen Oberrealschule; heute ist die Rijks-HBS in Tilburg in einem anderen Gebäude untergebracht und heißt Willem II College. (A. d. Ü.)

161 Die historischen Daten über Stettin sind entnommen: Heinz Gelinski: *Stettin. Eine deutsche Großstadt in den dreißiger Jahren*. Würzburg 2005, sowie: Jakob Peiser: *Geschichte der Synagogen-Gemeinde zu Stettin*. Stettin 1935.

162 Adressbuch Stettin 1925 und 1929.

163 Joseph Goebbels: *Tagebücher 1924–1945*. Bd. 2 (1930–1934), hrsg. von Ralf Georg Reuth, München 2003, S. 770.

164 Sebastian Haffner: *Geschichte eines Deutschen. Die Erinnerungen 1914–1933*. Stuttgart/München 2000, S. 123.

165 Regionaal Archief Tilburg (RAT), Archief Israëlitische Gemeente Tilburg (AIGT), Inv. Nr. 199.

166 Brief Jacob Galjaard (geb. 1926), Oktober 2004.

167 Vgl. Brief Helga Liernur (geb. 1927), 23. Oktober 2004. Während junge männliche Pfadfinder im Ndl. «welpen» (deutsch: Wölflinge) genannt werden, sind «kabouter» (deutsch: Wichtel) junge Pfadfinderinnen. (A. d. Ü.)

168 In den Niederlanden ist die Note 10 die Bestnote, die Note 1 die schlechteste Note. (A. d. Ü.)

169 Die Zwart Front unter der Führung von Arnold Meijer war nach der NSB (Nationaal-Socialistische Beweging) die bekannteste faschistische und stark antisemitische Partei in den Niederlanden. Sie entstand 1934 durch Abspaltung von der ANFB (Algemeene Nederlandsche Fascisten Bond). 1940 wurde Zwart Front nach schwierigen Verhandlungen mit dem rechtsextremen Spektrum als Nationaal Front neu konstituiert. Die Kollaboration mit der deutschen Besatzungsmacht misslang zunehmend – diese zog die NSB vor und veranlasste 1941 die Auflösung der Nationaal Front. (A. d. Ü.)

170 RAT, Dokumentation Tilburg 383.

171 Nothmann-Luner: *Gerda's Story*, a. a. O., S. 13.

172 Adressbuch Tilburg 1934 und 1937.

173　Nothmann-Luner: *Gerda's Story*, a. a. O., S. 12.

174　RAT, AIGT, Inv. Nr. 119 und 126.

175　Mitteilung Clara Metzlar-van Winsen (1923–2006), 3. März 2005.

176　Roomsch Leven, 12. Februar 1939.

177　RAT, Archiv des Koning Willem II College, 1865–1973 (Archief Willem II), Inv. Nr. 71 und 117.

178　RAT, Archief Willem II, Inv. Nr. 21 und 22.

179　Mitteilung Clara Metzlar-van Winsen, 3. März 2005.

180　Telefonische Mitteilung Jan Prins, 8. Dezember 2006.

181　Brief Helga Liernur, 23. Oktober 2004.

182　Anita Roos, 1925 im deutschen Barmen geboren, war 1933 in die Niederlande emigriert. Sie hat ihre Erinnerungen unter dem Namen ihres Lebensgefährten veröffentlicht: Anita Mayer: *One who came back*. Ontario 1981. Das Buch erschien im selben Jahr in den Niederlanden unter dem Titel: *Als ik Hitler maar kan overleven*. Nieuwkoop 1981. Im Weiteren wird nach der ndl. Fassung zitiert.

183　RAT, AIGT, Inv. Nr. 187 und 224.

184　Nothmann-Luner: *Gerda's Story*, a. a. O., S. 15; RAT, AIGT, Inv. Nr. 30 und 31.

185　Die «R. K. Leergangen» waren 1912 in Amsterdam und 1918 in Tilburg eingeführt worden. Katholiken konnten hier eine Ausbildung machen, mit deren Abschluss sie die Lehrbefähigung für die Sekundarstufe erwarben. (A. d. Ü.)

186　Theo Schouw: *Muzikaal, kleurrijk & vol taal*. Tilburg 1997, S. 17–23.

187　Nederlands Instituut voor Oorlogsdocumentatie (NIOD), Archiv Omnia Treuhand 94F, Dossier 2760, Brief Nic. Kalf über Liquidation W. Deen, Tilburg, 27. Juli 1944.

188　NSB: Abk. für die niederländische Nazi-Organisation «Nationaal-Socialistische Beweging».

189　RAT, Archief Gemeentepolitie Tilburg (AGT), Inv. Nr. 311, Bericht A 1475, 23. August 1941.

190　Vgl. Anm. 169.

191　Klaas van Berkel: *Dijksterhuis. Een biografie*. Amsterdam 1996, S. 264 f.

192　Mitteilung Willem Dijksterhuis (geb. 1930), 2004.

193　Mayer: *Als ik Hitler*, a. a. O., S. 92 f.

194　ulo: Abkürzung für «uitgebreid lager onderwijs», eine an die Grundschule anschließende Schule, in Deutschland etwa einer Hauptschule vergleichbar. (A. d. Ü.)

195　Marijke Bus, Davy Velleman: *Het gedroomde leven, abrupt voorbij. Het*

korte bestaan tijdens de Tweede Wereldoorlog van de Bossche joodse scholen. 's-Hertogenbosch 1995.

196   Mayer: *Als ik Hitler*, a. a. O., S. 93 f.

197   Nothmann-Luner: *Gerda's Story*, a. a. O., S. 23.

198   Im Gespräch mit Frau F. Goudsmit-Bloemgarten ist diese mögliche Liebesbeziehung zur Sprache gekommen. In jedem Fall handelte
es sich um eine enge Freundschaft. Mitteilung 22. Juni 2006.

199   Brief Hanneke Gerritsen, 18. August 1943. Hanneke Gerritsen
richtet sich in dem Brief an Helga. Den Brief schickte sie an Kees van
den Berg.

200   Mitteilung Wim van den Berg (Kees van den Bergs Bruder),
8. Dezember 2006.

201   Brief Hanneke Gerritsen, 18. August 1943.

202   RAT, AIGT, Inv. Nr. 31, Briefe, 22. Oktober 1941 und 29. November 1941.

203   Joodsch Weekblad, 6. Februar 1942.

204   Nothmann-Luner: *Gerda's Story*, a. a. O., S. 20.

205   Nederlands Rode Kruis-Oorlogsarchief, Doss. 113.607.

206   Jacques Presser: *Ondergang. Teil 1*. 's-Gravenhage 1965, S. 474 f.

207   RAT, AIGT, Inv. Nr. 176.

208   Joodsch Weekblad, 27. Juni 1941.

209   Ad de Beer, Gerrit Kobes: *Het leven gebroken*. Tilburg 2002, S. 44.

210   Nederlands Rode Kruis-Oorlogsarchief, Doss. 113.607.

211   NIOD, Archiv Generalkommissar für das Sicherheitswesen
Höhere SS- und Polizeiführer Nord-West, Inv. Nr. 1477.

212   NIOD, Journal der Tilburger Gemeindepolizei, Bericht Nr. 5,
10. Februar 1943.

213   Mit dem «Märchenabendgarten» aus dem Tagebuch ist höchst-
wahrscheinlich dieser Garten gemeint.

214   RAT, AGT, Inv. Nr. 398, B345, Brief des Polizeimajors an den
Bürgermeister, 9. November 1943.

215   NIOD, Journal der Tilburger Gemeindepolizei.

216   RAT, AGT, Zusatz 1, Brief P. J. Kooijmans, 19. April 1943.

217   NIOD, Journal der Tilburger Gemeindepolizei.

218   RAT, AGT, Inv. Nr. 3, Monatsbericht, 15. Mai–14. Juni 1943.

219   RAT, AGT, Zusatz 2.

220   Mitteilung Willem Dijksterhuis, 2004.

221   ARA, Archief Nederlands Beheersinstituut, Beheersdossiers
1945–1967, Inv. Nr. 44913.

222   Postkarte Helga Deen an Gérard van Kalmthout, 2. Juni 1943.

223   Einzelheiten über das Lager aus: Peter W. Klein, Justus van de Kamp: *Het Philips-Kommando in Kamp Vught*. Amsterdam 2003.

224   S. dazu Vorwort, S. 14.

225   Brief Willy Deen an Hanneke Gerritsen, 11. Juni 1943.

226   Mitteilung Wim van den Berg, 8. Dezember 2006.